新任管理者系列丛书
NEW MANAGER'S 100 DAY ACTION PL

新任经理
100天
实战指南

杨明广 著

东华大学 出版社

·上海·

推荐序

听闻明广在写一本关于新任经理培养的新书，请我写序，甚感欣慰，欣然应允。

明广是上海理工大学 MBA 首届学员，毕业之后在外企和民企进行了大量的管理实践和探索，积累了丰富的经验。他先是加入 IBM 从事管理咨询工作，后来又躬身入局到企业任职高管，然后又开始自己创业，将 MBA 的理论与实践相结合形成自己独到的见解，在管理咨询、企业培训、投资等领域取得很好成绩。

同时，毕业后明广也积极与学校保持互动，被聘请为我院 MBA 创业导师，指导在校 MBA 同学创新创业。他个人也获得学校第一届创业榜样、二十周年创业创新奖等荣誉，很好地充当了理论研究和企业实践桥梁的角色。

明广的经历正是我们 MBA 教育的意义所在。培养具有系统科学思维、创新精神、国际视野的复合型管理人才始终是上理管院追求的目标。我们希望同学们能将学到的知识转化为实际的生产力，能在实战中帮助企业解决战略、运营等方面遇到的问题，为企业创造竞争优势。同时，我们也希望同学们能将实践中好的工具、方法、案例反哺学校的教学和人才培养，相互促进共同提高。

在现代企业竞争的大潮中，人才的作用日益凸显。新任经理从个人贡献者到团队领导者的转型是一项极具挑战的任务。这一转变不仅涉及工作职责的转换，更关键的是思维和观念的根本性改变。它要求新任经理从单一的任务执行者发展为多维度思考的领导者，包括战略思维、领导风格、沟通技巧等全面提升。

历史上，企业更倾向于重视理工科背景的人才，而忽略管理人才的培养。技术人员晋升为管理人员时，往往面临领导力、组织协调、管理技能不足等问题。这一状况突出了培养合格经理的紧迫性。

首先，新任经理的培养不仅是企业发展的需要，更是市场竞争中的必然选择。随着经济全球化和技术创新的不断推进，企业的经营环境日益复杂多变。在这种环境下，需要具备全球视野、系统思维能力的管理者来引导企业适应变化，把握机遇。合格的经理能够有效地整合企业内外资源，制订并执行战略计划，提高企业的整体竞争力。

其次，从人才发展的角度来看，新任经理的培养也是对个人职业生涯的重要投资。管理技能不仅限于企业管理，它们也是个人职业发展中不可或缺的一部分。通过系统的培训和实践，新任经理可以快速提升自己的领导能力、决策能力和团队协作能力，为今后的职业生涯打下坚实的基础。

最后，新任经理的培养还关系到企业文化的传承和创新。良好的管理不仅能够提升团队效率，还能够塑造积极的企业文化，促进员工的积极性和创造力。因此，培养合格的新任经理，不仅是应对当下的需求，更是对企业长远发展的投资。

《新任经理100天实战指南》不仅是一本理论与实践相结合的管理书籍，它还承载了对新任经理培养领域的深刻洞见。本书的价值和意义可以从以下几个方面来体现。

首先，本书基于作者在外企和民企的丰富管理实践，提供了一套切实可行的管理策略和方法。这不仅对于新任经理来说是一本实用的指南，也为企业提供了一种有效的管理人才培养模式。通过本书的学习，新任经理可以更快地适应管理角色，提高管理效率和团队协作能力。

其次，本书弥补了理论与实践之间的鸿沟。它不仅仅是理论的阐述，更是实践经验的总结。这使得本书具有很高的普适性和实用性，适用于不同行业和规模的企业。对于那些渴望提升管理水平的新任经理来说，这本书是一座宝贵的知识宝库，能够帮助他们快速了解和掌握关键的管理技巧和策略。

再次，本书对于企业而言，是一种人才培养和激励的工具。它不仅为企业培养管理人才提供了理论指导和实践案例，还能激发员工的学习兴趣和职业发展动力。对于追求持续发展和创新的企业来说，这本书是提升组织效能和构建学习型组织的重要资源。

此外，本书还具有很强的时代意义。在快速变化的商业环境中，新任经理面临着前所未有的挑战。本书提供的案例和策略，能帮助他们更好地理解当代商业环境的复杂性，以及如何在这种环境中做出有效的管理决策。这对于新任经理来说，不仅是技能的提升，更是视野的拓展。

最后，本书对于管理学院的学生和教育者而言，也具有非常重要的意义。它展示了如何将理论知识应用于实践中，为管理教育提供了鲜活的案例和启示。这本书不仅能够激励学生将来走上管理岗位，也能够帮助教育者更好地设计和调整教学内容，使之更贴近实际需要。

《新任经理100天实战指南》一书不仅对新任经理的成长和企业的发展具有重要意义，也为管理教育和人才培养提供了宝贵的参考和灵感。

希望《新任经理100天实战指南》的出版能给新任经理转型和企业的高质量发展带来帮助，也希望更多的管理界人士参与到新任经理的培养中去。

赵来军教授，博士生导师
上海理工大学管理学院院长

2024 年 1 月于上海

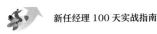

序

　　"经理"的出现是近代商业文明中的重大进步，促使了所有权与经营权相分离，使企业做大、做强、做优成为现实，从而使整个企业的效率得到极大的提升，使社会更加繁荣昌盛，我们每一天都能享受这个伟大的成就。

　　经理是神圣的职业，向上应不负所托，保持企业正常运转，创造让上司满意的业绩；向下应关注下属成长，培养未来发展所需要的人才，营造让员工满意的团队氛围等。他们用利他之心维系着商业文明中最重要的信任关系，是商业文明中一股重要的向善力量。

　　经理这一职业也因神圣而被人们所铭记。成功的经理人领着不菲的薪水，他们被认可、被赏识、被激励，其丰功伟绩被镌刻在企业发展的功劳簿上，功勋卓著。与此同时，成功的经理人也会受到下属的敬仰和感激，员工自愿追随他们，甘愿为其赴汤蹈火，并将其终生铭记在心。

　　然而没有人是天生的经理。当初任经理时，我们意气风发，都想成就一番事业，然而事实上每个人都经历过一段时间的懵懂与惶恐，遇到问题的时候也有过彷徨与无助，我们努力在一片混沌中找到一条通往胜利之路。"将军百战死，壮士十年归"，调查表明几乎 100% 的新任经理在获得晋升后，都会出现工作不适、疲于应付的状况，高达 40% 的新任经理则始终无法穿越这一迷茫期，会在 18 个月内遭遇滑铁卢。

回顾中国经理人发展的历程，随着改革开放步伐的加快，市场经济制度的逐步确立，最早一批经理人应运而生，并在市场竞争之中摸爬滚打、自然成长，逐渐崭露头角，其经历鼓舞着无数后来人。在大量的外资企业进入中国的背景下，凭借外企成熟的管理体系与培训体系，中国培育了大批成熟的经理人，他们被逐步分散到各行各业中并成为中流砥柱。然而，过去的三十年，中国的发展速度太快了，对经理人的需求呈爆发式增长，我们的企业自身也缺乏培养经理的能力，再加上我们的 MBA（Master of Business Administration，工商管理硕士）教育的滞后性，企业尤其是中小企业对经理人的整体培养一般都停留在较为初级的层次上。

我在过去二十多年的职业生涯中，有半数时间在做管理咨询，半数时间在企业做管理实践。我曾经以上司的身份培养过经理，也以顾问的身份旁观过经理的成长。以我的观察，很多新任经理因其本职工作的突出表现而被提拔为经理，但是如果没有进行系统的管理培训和训练，往往难以持续取得成功或会经历一个较长时间的转型期。凡此种种，令人惋惜，不仅员工在事业上容易遇到挫折或者走了弯路，企业也因此而流失了一批高潜质的优秀员工。作为咨询顾问，帮助企业、帮助经理是我的责任和初心。

正如"幸福的家庭都是相似的，不幸的家庭各有各的不幸"那样，成功的新任经理的成长路径也一定是有迹可循的，如果能找到他们成功的方法，推广给其他的新任经理，是一件非常有意义的事情。本书的初心就是总结优秀新任经理的经验，形成可复制的方法、工具和步骤，加速新任经理的转型和成长，并通过培养更优秀的经理来助力企业与个人的成功。

咨询顾问不是理论研究者，更像是一名工程师，在理论和实践之间搭建起一座桥梁。因此，本书是在管理大师彼得·德鲁克、战略地图的开创者罗伯特·卡普兰、管理学家迈克尔·沃特金斯、领导力专家约翰·麦克斯韦尔等专家、教授理论研究的基础上，结合包括 IBM、华为等众多世界 500 强企业的管理实践经验，也针对中小企业管理的特点进行了适当简化，归纳形成了一套能使新任经理在短期内熟练掌握并能运用的思考框架、工作方法和表格工具，并且产生了实际工作成效，能缩短新任经理适应岗位所需的时间，为未来更高层级的职位晋升奠定坚实的基础。同时，也希望这些工具和方法能够通过帮助新任经理进而为中小企业的成长与发展作出贡献。

孔子曰："生而知之者，上也；学而知之者，次也；困而学之，又其次也；困而不学，民斯为下矣。"生而知之的天才毕竟很少，无论在晋升前学而知之还是在晋升后困而学之，都很好，关键在于学以致用、知行合一。希望本书能对新任经理和从事新任经理培训的工作者有所帮助。然而，鉴于本人学识有限，错漏之处在所难免，恳请广大读者批评指正，也欢迎大家共同交流新经理培养的话题。

在此，感谢我个人成长道路上给予我帮助的各位经理，也希望我们都成为能帮助别人的经理！

杨明广

目

录
CONTENTS

第五章

L - 持续提升
（Leadership）

第一章

新任经理 100 天实战指南（NMF100）介绍

1.1 前言

当你翻开本书，就说明你已经成功晋升为新任经理了。恭喜你成为经理！这在你的职业生涯中具有里程碑的意义。如果是在企业里，那么成为经理意味着你已经成为企业里排名前10%人群中的一员，这已经很不容易了，这是对你以往努力奋斗的认可和鼓励。

感谢这个时代。过去这三十年，得益于中国的改革开放和加入世界贸易组织（World Trade Organization，简称"世贸组织"，或WTO），伴随着中国经济的腾飞，许许多多的中国企业得以快速成长和发展，中国也诞生了一大批年轻的经理群体。我在工作中曾接触过很多从国外来我国出差的经理或者管理者，其中许多人都已四五十岁甚至白发苍苍，在看到我们二三十岁的经理、总监时都非常惊讶，对如此年轻就已身居高位感到难以置信，因为，在成熟的经济体中他们并没有那么多的机会，自然也没那么容易当上经理。

同时也要感谢组织的培养和认可。个人的努力固然重要，但也要考虑平台的力量。是组织给予我们锻炼的机会、成长的平台和展现的舞台。成为经理意味着你与组织已经牢牢地捆绑在一起，荣辱与共，推动组织发展、把组织建设得更好将是你义不容辞的责任。

感谢领导的支持和鼓励。在你成为经理的过程中，一定得到过很多经理的帮助，他们给你提供指导、反馈、启发、激励和支持。他们言传身教，传授知识技能，传承组织文化；他们建设性地批评，帮助你纠正错误，甚至他们包容你的错误，鼓励你的创新，他们是支撑你成长的动力。成为经理之后，你要像他们一样，培养年轻的后起之秀并无私地帮助其成长。

也别忘了感谢你的团队。过去，他们努力把你推向今天这个位子。未来，他们是与你共同战斗的中坚力量。成为经理，你就是他们的主心骨，你将率领他们去取得"赫赫战功"，与他们共同分享胜利的喜悦。

还有你的家人和朋友。也许你应该与家人打个电话分享这个好消息，或者是与朋友好好庆祝一番。过去的成功自然离不开他们的支持和陪伴，这个时候他们一定也像你一样的高兴和兴奋……

然而，成为经理也是一个重要的转折，你必须清醒地认识到前方并非都是坦途，会有很多的风雨和挑战。在经历了短暂的兴奋和庆祝之后，一切都要重新开始，当好经理可不是一件简单的事。做好准备，持续学习，加倍努力，好好体验这一段难得的人生旅途吧！

1.2 经理的起源与内涵

我们先来看看经理这个词的含义。在古代中国"掌柜"一词意指商铺老板或负责管理商铺之人，亦称"铺掌"，与此相应的构词有"二掌柜""三掌柜"，直到清朝末期我国才出现"经理"一词，多指规模较大的票号（银行）和企业里主持经营之人。1841年10月5日，在美国马萨诸塞州的铁路上发生了一起两列客运列车迎头相撞的事故。社会公众反响强烈，认为铁路企业的业主没有能力管理好这种现代企业。在州议会的推动下，企业主对企业管理制度进行了改革，选择具有管理才能的人出任企业管理者，由此产生了全球首位经理人。

最早专门对经理人进行系统研究的人是美国学者小艾尔弗雷德·D.钱德勒。在他撰写的《看得见的手：美国企业的管理革命》中，出现了"Professional Managers"和"Career Managers"（职业经理人员或职业经理层）。书中强调"起初，管理不是一种职业"，随着公司规模的不断扩大，公司管理也日趋复杂并从其他工作中分离出来，成为一种新的职业，从事这种职业的人就是经理人。

《牛津商务词典》将"Manager"（经理人）定义为被雇用来控制、组织、指导整个业务活动或整个组织、部分业务活动或组织的某一部分的人。

《现代汉语词典》将"经理"定义为企业中负责经营管理的人。

总之，经理是随着生产力水平的提高和社会专业化分工的发展，从其他工作中分离出来，专门从事管理工作的人。

请注意，本书提到的经理都是指有直接下属，对下属的绩效、成长负责的人员管理经理（在外企称之为 people manager）。而在有些企业经理仅仅是一个职衔（Tittle）而已，如研发经理、机电经理等，但其本身并不管理人，因此不在本书所说的经理范畴。

1.3 新任经理培养的重要性

就我二十多年的工作经验而言，经理是一个神圣的职业，无论是在中国还是在全球范围内，经理都是受人尊重的职业。

经理对于企业尤其是中小企业的发展至关重要。现代企业的竞争是人才的竞争，机器设备可以购买，技术可以并购，资本可以通过市场融资，唯有人才特别是核心人才必须依靠自己培养。

经理及核心技术人员属于占企业 20% 人数却决定着企业的兴衰成败 80% 的关键力量。他们处在承上启下的位置，对上要承接高层制定的战略，对下要带领团队发挥强悍的执行力，因此经理群体是企业执行力的关键。

一名优秀的经理不仅有传授专业的技能，而且还能以身作则地展现企业的价值观，从而传承企业的文化，唯此企业才能生生不息、长盛不衰。

经理对于团队的员工来说至关重要。你可以回顾一下自己的职业经历，想想那些对你过去的成长有重要帮助的人，是不是你的直线经理。

好的经理能够在帮助员工成长，不断提升员工能力的同时，也能够创造良好的团队氛围，用人所长，让员工既能快乐工作又能分享工作的成果。

经理对于企业发展来说至关重要，但是经理这一职业并非任何人都能胜任，必须经过专门的指导和培训。非常遗憾的是，我们看到很多企业尤其是中小企业对此并不重视。

很多企业不用说提拔前的培训，对提拔后的新任经理也没有系统的培训和培养，往往是匆匆忙忙火线提拔，然后就将其按在岗位上让其自己摸索、野蛮生长。很多新任经理碰了一鼻子灰之后败下阵来，企业损失了一位优秀的人才，经理也失去了一次绝好的发展机会。

哈佛大学的迈克尔·沃特金斯（Michael Watkins）教授曾经做过一个研究，他对100多家企业的CEO（Chief Executive Officer，首席执行官）做过调查，调查的问题是"在企业里新任经理需要多长时间能够真正给企业创造价值"。最后，他的研究结论是6.2个月（图1-1）。新任经理基本前3个月都是在价值消耗状态，他们需要去了解适应岗位，很难为企业做贡献，他们需要别人的协助。基本上在三个月以后，新任经理开始为企业创造价值，到6.2个月的时候他的价值刚好达到一个平衡点，他的价值创造抵消前3个月的价值消耗，开始给企业带来正向的综合价值。

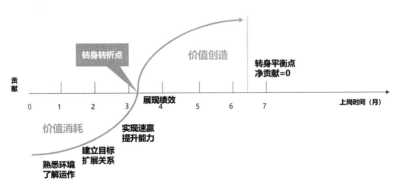

图1-1　新任经理上岗时间与贡献的关系曲线

　新任经理100天实战指南

同时，另有一项调查显示，几乎 100% 的新任经理在晋升后，都会出现工作不适、疲于应付的状况；有 40% 的新任经理则始终无法度过这一迷茫期，会在走马上任后的短短 18 个月内遭遇滑铁卢，也就是最后失败了。

这些调查对我们有哪些启发呢？如果新任经理能够尽快适应职位，缩短价值消耗期，拉长价值创造期，他对企业的综合价值就会越早转正，他作为新任经理的成功率也就越高，从而实现自己与企业的双赢。

1.4 新任经理失败的原因

为什么有些新任经理能够成功，而有些人却会失败呢？

深入研究会发现他们之间的差别。我们先来看一下成功的新任经理是什么样的，成功的新任经理一般有以下几个特点。

▶ 熟悉情况，善于分清主次。首先，成功的新任经理有丰富的知识储备并且熟悉部门情况，他们一般能够迅速地抓住主要矛盾，建立信任。

对新任经理的你来说，最重要的是快速建立他人对你的信任，包括上级领导对你的信任、下属对你的信任，以及同级的经理对你的信任。上任后，你要做的事情太多，但是你要先能分辨出哪些事情的影响力是最大的，哪些是主要矛盾，或者有人能帮你分析出来，分清主次，抓住主要矛盾往往能事半功倍。

▶ 建立良好关系，迅速获得支持。在企业里，职位越高，越需要别人的支持。在你没成为经理还是个人贡献者的时候，自己干好就可以了，但是一旦你成为经理，就需要其他团队成员也能做得很出色，因此你需要很多人的支持。成功转型的新任经理往往能够借助有效的人际关系网络，迅速获得支持。

▶ 共享愿景目标，激励团队实现。新任经理走马上任的时候，面临的很可能是很多人反映各种各样的问题。成功的新任经理善于把这些问题变成正面的愿景和目标，同时能激励大家共同努力。

当你听到抱怨的时候，一定要提高警惕，因为那很可能是一个陷阱，是一个你无法或者暂时无法解决的问题。不要深陷其中，而要把负面的问题转化为正向的目标和希望，带领大家朝前走。

▶ 保持与上级的积极沟通。成功的新任经理往往与上级沟通比较顺畅，特别是关于未来的目标、上级的期望等问题，套用时下流行的一句话就是要对齐。另外，更要适应上级的沟通风格。沟通的问题大部分是风格的问题，只要沟通风格对路了，交流就会更高效。

▶ 掌控变革的方法和节奏。可能每个新任经理都想做一些让人家刮目相看的事情，想对之前不理想的制度做一些变革，但是如果把握不好节奏，往往会欲速则不达。如果在大家没有准备好的时候，进行大刀阔斧的变革，其实是非常危险的。不是做的事情不对，而是时机不对。

因此，成功的新任经理能够很好地把握变革的时机和方法，控制好变革的节奏。

成功的新任经理有他们的共性特征。相反，对于失败的新任经理，如果我们仔细观察、分析，就会发现他们的失败往往是以下几个原因造成的。

▸ 忽略了建立并发展信任的工作关系。没有完成角色转变，太聚焦于工作任务（本身）的完成，表现出习惯于独自做事的倾向；或者为了证明自己，更加埋头做事，忽略了整个团队的管理。

▸ 无法聚焦于解决主要问题。上任之后，热情满满，想做的事情太多，但是不聚焦。新官上任三把火，这个"三"就强调了聚焦。如果做事不聚焦，眉毛胡子一把抓，那么最后造成的后果是只有苦劳、没有功劳，向上级领导汇报的时候业绩拿不出手，自然而然无法取得成功。

▸ 对上级领导的预期不明确。没有与上级领导有效沟通，没有搞清楚领导提拔经理想做什么，想解决什么问题，一上来就按照自己的思路埋头苦干，最后发现做的事情不是领导想要的。这里还有一个问题是，自以为与上级达成共识了，而实际上双方想的还是不一样。

▸ 忽视变革的过程管理。可能做的事情是对的，但是没有注意方式方法，特别是在变革的过程中没有考虑对他人的影响，对团队的影响，结果三把火烧到了自己身上，"出师未捷身先死"，事情没做成自己却先"阵亡"了。

凡此以上种种原因，归根结底是因为新任经理在上任前或者上任后没有经过系统的培养，要么角色没有完成转变还在按照老方法做事，要么不具备基本的管理技能，无法驾驭团队。"拿着旧地图，发现不了新大陆"，如果不转变思路，补齐所需的能力短板，新任经理必将陷入泥潭，而这些必须要通过对新任经理的培养来解决。

1.5 新任经理培养（NMF100）的 PPPL 模型

新任经理要想避免失败，取得成功，上任后的前 100 天非常重要。在这 100 天里，他要学会避免犯错，做好管理工作，让团队顺利发展。利用好新任经理的前 100 天，可以压缩价值消耗期，提高成功的概率。企业和经理个人都需要认真对待。

而在这 100 天里，概括来说其实就是做两件事：一是思想转变，二是能力升级。首先要了解自己应该做哪些事，然后要提升能力做好这些事。如何将这两件事综合运用到工作当中并进行合理排布是培养新任经理的关键。

很多成熟的企业会把这 100 天划分成选择前、上任前和承担责任三个阶段，有若干个关键的里程碑（图 1-2），然后匹配上关键的管理手段和资源，以管理和跟踪新任经理的前 100 天。

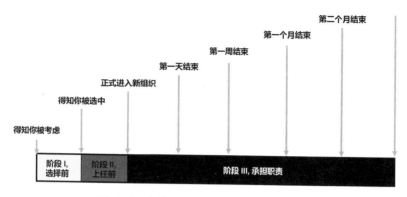

图1-2　新任经理100天的关键里程碑

阶段一：选择前

国企在提拔干部前都有组织考核、公示等程序，因此你会在被任命前就知道将晋升为某个板块的经理。在民企、外企也是一样，你会提前一段时间就知道被组织选拔为经理。为了尽快适应岗位，你最好不要等到上任才开始转型，而是在你上任前就开始逐渐适应。

在这个阶段，企业一般会开放、匹配一些培训资源给你。你可以收集一些岗位的信息，特别是你新上任的岗位并非处于你熟悉的领域，可能会有一些应知应会的、你原来并不了解的知识，需要专门去培训学习。

阶段二：入职前

很多企业在新任经理上任前，会有入职介绍（在外企称之为Orientation）。比如上一任经理会给你介绍一些部门业务情况，例如你需要对哪些事情负责，遇到问题应该去找谁等。人事

（Human Resources，人力资源，简称 HR）会给你介绍公司的政策、工具，让你明白哪些手段你可以用，哪些是禁区不能碰，因为没有授权。这些你都要非常清楚。

阶段三：承担职责

当你被正式任命后，在国企和民企多是发红头文件正式任命，外企和一部分互联网企业可能是老板的一封邮件宣布你的任命，你就正式成为经理，开始履职了。大部分成熟的企业对新任经理会有正式的帮助和干预机制，在一个月、两个月、三个月的时间节点，会安排不同的角色对新任经理的工作情况进行跟踪、考核和辅导，但在一些中小企业可能就没那么幸运。

根据 IBM、华为等世界 500 强公司的实践来看，在新任经理这 100 天的转型时间里，一般会有 4 个角色能给予支持和帮助，对新任经理的成长至关重要。

第一个是新任经理本人。作为一个新上任的经理或者是从外边来的经理，你本人在这个团队里面是最重要的。你要做的最重要的事就是快速学习，发展内部人际关系，这是你要聚焦的。

第二个是你的直接上级。你的直接上级最重要的作用是帮助你理清组织的期望、快速熟悉业务，当你遇到问题的时候，他可以随时给你做一些指导。

第三个是导师，有的企业叫师傅。一般的企业都会有导师制，安排一个导师（师傅）给你。如果企业内没有导师制，你可以求助你的上级，请他帮你找个导师。

通常来讲师傅是有过类似经历、这方面的经验，或者更多信息的人，当你有需要的时候，他会给你提供及时的帮助。导师一般由前任经理来做。但是也要视实际情况而定，也许你的前任并非最合适的人选，这时可以请你的直接上级来帮助你指定一位师傅，你有任何问题都可以问他，他可以给你很多信息，也会传授他的经验。

师徒制是中国的优良传统，在很多企业里师徒关系是长期的、持续的人生关系，往往会成为一段佳话。

第四个角色是教练。就跟运动员的教练一样，教练是在旁边观察，给你反馈、辅导从而帮助你成长的角色，教练可以是企业内部的也可以是企业外部的。教练跟师傅的角色有什么不同呢？教练的职责是什么呢？教练通常来讲是跟你没有直接工作关系的人，教练可能根本不懂你的业务。教练的职责是问问题，启发你去思考，然后在这个过程中，督促你去采取行动。教练也可以通过观察纠正你的错误行为和动作。

教练的基本原则是保密，因此教练与你的任何沟通都应该是保密的，至少对教练的要求是保密。也就是说，你们之间谈了些什么，你可以对外说，但教练是不能对外说的。因此，如果有教练的话，你可以完全相信你的教练，他的目的是帮助你成功。当然，教练是要受过专业训练的，有一定任职资格的。因此很多企业会培训教练，或者从外面请能胜任的教练，内外部结合，帮助新任经理成长。

我正是根据多年辅导、帮助新任经理的经验，再根据新任经理的特点和培养规律，经过归纳整理，设计成新任经理100天的项目（简称NMF100），在阅读本书的过程中，我就像是一个教练，与你对话，引导你思考，帮助你在100天里获得成功。

NMF100项目将新任经理的100天分成4个阶段，浓缩成4

个英文字母 PPPL（图 1-3）来形成我们的方法论。

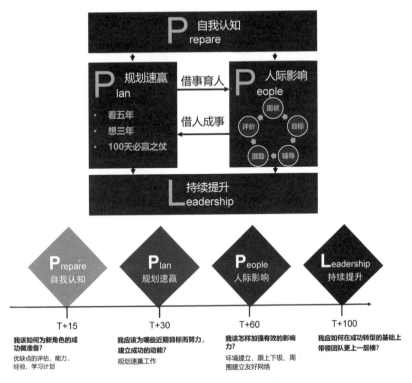

图 1-3　NMF100 之 PPPL 模型

第一个"P"是 Prepare，在新任经理上任的前 15 天完成，是一个完成角色认知的准备阶段，其重要的任务是搞清楚自己的角色定位与之前有何差别，应该如何转型，继而完成自身优缺点的评估，根据自身的能力以及过往的经验，形成自己的学习计划。角色认知是新任经理 100 天成功转身的基础。

第二个"P"是 Plan，在新任经理上任的前 30 天完成，是一个规划速赢的阶段，其主要任务是搞清楚我应该为哪些近期目标而努力，建立成功的动能。通俗地讲就是想好怎么烧新官上任的三把火，我们把它称为"必赢之仗"。规划速赢聚焦于这100天要做哪些事以赢得组织和下属的信任。

第三个"P"是People，在新任经理上任的前60天完成，是一个搞定人际影响的阶段，其主要任务是搞清楚该怎样加强有效的影响力，如何为自己的工作创造良好的外部环境，跟上下级、周围建立友好网络。人际影响聚焦于这100天如何管好人，带领下属做好规划速赢阶段确定下来的事。

最后一个"L"是Leadership，在新任经理上任的前100天完成，是一个持续提升领导力的阶段，其主要任务是搞清楚应如何在成功转型的基础上带领团队更上一层楼，为未来更高的职业生涯打好基础。

在NMF100项目中，我们将根据成人学习理论，带领大家一起度过一个愉快的学习之旅。需要说明的是，管理的工具和方法有很多，本书不是一个工具库，完整地介绍每一种工具方法，而是根据每个阶段的需要，匹配最适合的理论、工具和方法。正如教人练功，我们不是一招一式地先学拳法，再学棍法，然后是掌法，而是根据明天要对阵敌人的特点，告诉你第一招先"亢龙有悔"，等敌人出招后直接给他一棍打狗棍，这样才能够把敌人打败。它是视实际对阵的需要，从武功库里匹配最合适的招法，因为作为新任经理在前100天一招一式地全面去学管理肯定是不现实的。

今|昔|对|比

过去

现在

第二章

P- 自我认知

2.1 经理的成长历程与能力要求

我们知道每个新任经理上任的情况都不一样，有的是原来的经理表现好晋升了，新提拔了一个经理；有的是走马上任一个新的部门的经理；也有的是空降到一个部门当经理等，当大家有过新上任的经历之后，我想请你思考一个问题，经理的工作与你之前的工作有什么根本差别？

思考：

经理的工作与你之前的工作有什么根本差别？

这个问题，可能每个人有不同的答案。在回答这个问题之前，我们先来学习一些基本的理论知识。

其实，管理学家在研究时发现，我们在职业发展的过程中需要各种各样的能力，但是概括起来只有三种能力：技术能力、人际能力和概念能力。

技术能力很好理解，运用你的知识和技能，使用相应的工具，去完成任务的能力。比如我们通常说的设计能力、"搬砖"的技能都属于技术能力。

人际能力是什么呢？简单来说就是与别人沟通，或者管理别人完成任务的能力。通俗地说就是与人打交道的能力，包括沟通、影响、说服等。

概念能力又是什么呢？它是把握规律，把握人和事之间的关系以及事物之间相互关系的能力。我们通常说当老板要有"画饼""忽悠"的能力，其实就是概念能力，能把握未来的趋势、制定战略并描述蓝图。这三种能力对你的职业发展至关重要，但是在不同的发展阶段所需要的能力是不一样的。

我们来看一下一个人在企业里典型的职业发展历程（图 2-1）。

没有人生来就是当经理的，也很少有人的职业生涯直接是从经理开始的，一般都是从技术人员或者专业人员开始的，如果发展得好，最终以集团总经理完美结束职业生涯，这中间有四次关键的转身。

开始是一个非常好的技术人员或者专业人员，管理自己。因为表现好，晋升为部门经理，带一个团队，管理他人，这是第一次转身。再往上，因为表现好，继续晋升管理多个部门，管理经理，这是第二次转身。然后，继续晋升开始管理业务，对某一项业务负责，要对业务的损益负责，要谋划业务的未来如何发展，这是第三次转身。最后，晋升为集团总经理，开始管理整个集团，这是第四次转身。

每一次晋升的转折点，都是一个关键时刻，因为在这个时刻，企业或者是公司、组织对你的期待都会发生根本性变化。如图 2-1 所示，不同角色的职责都有根本性的改变。如果你没有意识到的话，还按照原来的惯性继续往前冲，很可能会遭遇滑铁卢。

作为一个新任经理，你现在就处在第一个关键阶段。你之前管理自己做得非常好，可能是团队中的超级英雄，但是转身开始

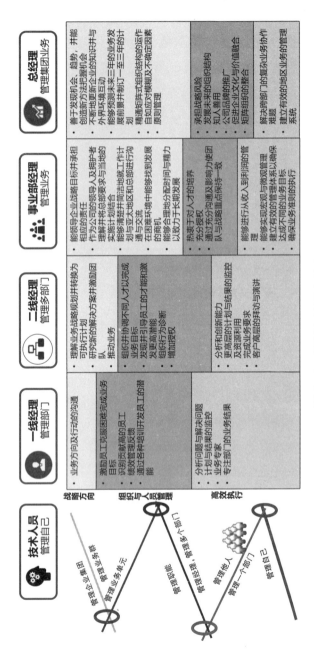

图 2-1 管理者的四次转身

  新任经理 100 天实战指南

管理他人的时候，遇到事情还是撸起袖子自己干的话，对你的成功就会有负面影响。企业里这样的例子比比皆是，一个好的销售冠军并不一定能当好销售经理，考核销售经理看的是团队的业绩。一个好的客服人员，也不一定能当好客服经理，因为考核客服经理看的是整个客服团队的客户满意度。

为什么有的人会在转身的关键时刻遭遇滑铁卢呢？其背后的根本原因是转身之后，所需要的三种职业能力发生了重大的变化，如果不及时学习补充相关的知识，不升级自己的能力，那么能力跟不上就会出现无法胜任岗位的情况。

通过图 2-1 可以明显地看到这种趋势。职位越高，概念能力和人际能力的要求就越高，技术能力的要求越低。当你是个人贡献者的时候，只要技术能力强，做好自己的事情就可以了。当你成为经理，更多的是要去理解战略，理解你的业务应该怎样去做，在执行的过程中，需要怎样去有效地执行，哪些因素能够驱动目标的实现。总结起来，就是把公司的战略变成一个可执行的计划，然后分配下去。当然在这个过程中可能你要做很多的事情，人员管理是重中之重，因此需要提升人际能力。

当你晋升到管理业务或者管理集团时，你需要花更多的时间考虑战略性的问题，以及去想什么是对的事情，而不仅仅是把对的事情做对。而你在做新任经理的时候，更多的是要确保把事情做对。因此，职位越高，越要去想什么是对的事情，到底我们的机会在哪里，怎么样才能把事情做得更好，这些都是概念能力。

在职位往上晋升的时候，人员管理的变化不是特别大，主要是在新任经理的转身过程中有明显的变化。

通过分析职业发展需要的三种能力及经理典型的成长路径，

我们发现在职业发展的关键时期，影响的关键因素是不同时期三种能力的需求发生了变化。

当在你是一个个人贡献者，且还是技术人员的时候，需要的绝大部分能力是技术能力加一些人际能力。当你变成一个经理时，技术能力的占比就减少了，人际能力的占比提高了，同时增加了概念能力的要求。因此如果不更新自己的知识结构，不培养自己的新的能力，你就会在职业发展的关键时期遇到障碍。这些障碍会延长你的价值消耗时间，严重的话会导致职业生涯的失败。

2.2 经理的角色与新任经理的常见误区

现在，我们回头看看刚才的问题。思考一下，经理的工作与你之前的工作有什么根本差别。

管理学大师彼得·德鲁克说，在管理的早期历史中，"经理"被定义为"对其他人的工作负有责任的人"。如果说你从事技术工作时是个人贡献者，衡量你的工作是看你个人的贡献和业绩，那么当你成为经理，你就是团队贡献者，衡量你的工作更多的是要看你带领的团队的整体表现。

作为经理，与你之前工作的本质区别是要通过别人来完成自己的工作。记住，你获取团队业绩或者称为业务成果的手段是通过对人的管理来实现的。

如果认识不到经理角色与过去的区别，那么往往会走入误区。调查发现，新任经理常见的误区有以下几种：

1. 喜欢抓具体的擅长的业务工作；

2. 责任心强，习惯依靠个人努力去完成任务；

3. 事无巨细，不善于授权和委派工作；

4. 虽有工作目标，但缺乏目标控制；

5. 不善于、不习惯做计划；

6. "救火"现象普遍，时间效率低；

7. 没有经过系统的管理技能培训；

8. 不善于建立有效的工作程序、工作团队；

9. 认为对人的管理是人事部门的事；

10. 不善于招聘、选拔、培训、发展、激励等人力资源工作。

没有人是天生的经理，上面这 10 个误区你可以对照检视一下，如果有的话，需要尽力去避免。

这 10 个误区，归纳一下，大致是三个方面，正好对应的是经理的三个关键任务。经理与非经理的根本区别在于前者必须通过别人完成任务，达到目标，这也是经理的核心职责。为了有效地通过别人完成任务，经理要把自己所掌握的资源转化为促进下属工作的条件。

为此，经理的三项关键任务是把握方向（帮助下属掌握工作方向），提高胜任度（提高下属胜任工作的能力和意愿并提供支持），控制秩序（防止下属偏离目标）。

一、把握方向：承接战略，制定团队的目标。没有方向，整个团队就没有目标，就会陷入混乱。

▸ 了解上级的意图和组织的发展方向

▸ 制订行动战略和工作计划

▸ 使下属了解自身工作与组织目标的关系

▶ 帮助下属完成角色定位

▶ 了解对自己工作的期望和衡量标准

二、提高胜任度：赋能下属，辅导、帮助下属提高胜任度，从而能更好地通过他人完成自己的工作目标。

▶ 建立有效的工作流程和思维方法

▶ 了解自身的优势和短处

▶ 强化自我能力的信心

▶ 提供发挥作用的条件和发展机会

▶ 指导和鼓励性反馈

三、控制秩序：通俗地讲就是让下属不要偏离既定的目标。

▶ 建立必要的行为准则

▶ 保持工作和交流秩序

▶ 必要时能做到"我说你做"

▶ 给下属适当的自主空间

▶ 惩罚偏离目标的行为

把握方向和控制秩序实际就是管事，需要重点聚焦在哪些事上，就是我们后面要讲的 Plan（规划速赢）；提高胜任度就是育人，学会怎么培养员工，让他们的能力更强，更好地做事，这就是我们后面要讲的 People（人际影响）。

在了解了经理的角色认知之后，我们来简单总结一下新任经理转身的要点，主要包括两个转身。

第一个是从执行向战略承接转身：从执行具体的工作任务，转变为思考如何承接公司的战略，并将战略转化为行动，解决执行过程中遇到的业务问题。之前，你更多要考虑的是把经理（直接上级）交代的事情做正确（do thing right），现在你要开始思考哪些事情是这个岗位必须做的正确的事情（do right thing），你必须向公司的战略更靠近一些。

第二个是从个人贡献者向团队贡献者转身：从完成自己的工作，转变为通过他人完成自己的工作，关注重点从个人的贡献转变为关注团队的整体绩效，工作重点转变为对人员的指导、培养和激励。

2.3 卓越经理的七个行为标准

如果你已经搞清楚作为一个新任经理，你的角色发生了哪些变化，你需要做哪些转型，那么，下一步你应该思考的问题是要如何转型（how）。为了成为一个出色的经理，你应该做哪些准备。

在回答这个问题之前，我们必须先明确一个出色的经理是什么样的。"一千人眼中就有一千个哈姆雷特"，同样，一千人眼中就有一千个好经理。但是，他们一定具备一些共性的特征。

我在 IBM 工作的时候，IBM 公司有个全球的 MFP 项目，即经理人反馈项目（Manager Feedback Program）。IBM 调查了全球几十万员工心目中优秀经理应展现的行为，并将其总结为 7 个行为标准。

IBM 每年对照这 7 个标准，请下属对直线经理进行评价，以帮助经理在未来提升自己的表现。这 7 个行为标准具体如下：

1. 确保员工理解他们的工作如何对 IBM 的战略、市场成功以及你所在组织的目标产生贡献。

2. 在指引下，设定清晰的绩效标准，以尊重的方式提供坦率的反馈，并积极管理低贡献者。

3. 识别员工层面以及团队层面的杰出贡献者。

4. 确保积极的绩效气氛；倾听员工，解决他们遇到的问题并帮助员工在 IBM 的矩阵环境中成功。

5. 在所有员工中培育团队精神与包容性——跨地区，文化以及区域——并推动 IBM 多元化价值观。

6. 鼓励员工创新，并支持应当付诸实施的想法。

7. 发展与你一同工作的人，教授并指导，并持续为每一位向你汇报的员工制订清晰的发展计划与目标。

这 7 个行为标准虽然是 IBM 内部使用的，但有很强的普适性，完全可以适用于其他企业。这 7 个行为标准实际上与经理的三项主要职责相对应。其中第 1、第 7 个对应的是把握方向，第 4、第 5、第 6 个对应的是提高胜任度（赋能员工），第 2、第 3 个对应的是控制秩序。

IBM 正是通过每年的 MFP，告诉各位经理在哪些方面表现得比较好，在哪些方面还有不足，还没有达到员工的期望，以帮助经理有更好的自我认知，以便在下一年能够采取措施提升自己的表现。实践证明这种反馈，对于经理认识自我、提升能力有很好的帮助。

你可以对照这 7 个标准，给自己做一个自评（表 2-1），也可以请你的下属帮你做一个评价。看到这些评价结果之后，我想你应该会知道如何做准备了。如果评价分数较低，那么下属的评价与你的评价之间有差异的地方都是你应该重点提升的方向。

表2-1　对卓越经理的行为期望评估表

序号	行为期望评估项目	非常同意	同意	中立	不同意	非常不同意
1	确保员工理解他们的工作如何对公司的战略、市场成功以及你所在组织的目标产生贡献					
2	在指引下，设定清晰的绩效标准，以尊敬的方式提供坦率的反馈，并积极管理低贡献者					
3	识别员工层面以及团队层面的杰出贡献者					
4	确保积极的绩效气氛；倾听员工心声，解决他们的问题并帮助员工在公司的矩阵式架构中成功					
5	在所有员工中培育团队精神与包容性（跨地区，文化以及区域）并推动公司多元化价值观					
6	鼓励员工创新，并支持应当付诸实施的想法					
7	发展与你一同工作的人，教授并指导，并持续为每一位向你汇报的员工设定清晰的发展计划与目标					

你可以把你的分数与其他人做对比，这里提供一份数据库里的评估结果（表2-2）供你参考。

表 2-2　对卓越经理的行为期望评估表例表

序号	行为期望评估项目	最小值	25 分位	中位值	75 分位	最大值
1	确保员工理解他们的工作如何对公司的战略、市场成功以及你所在组织的目标产生贡献	0–62	63–70	71–80	81–99	100
2	在指引下，设定清晰的绩效标准，以尊敬的方式提供坦率的反馈，并积极管理低贡献者	0–69	70–79	80–87	88–99	100
3	识别员工层面以及团队层面的杰出贡献者	0–56	57–68	69–81	82–95	96–100
4	确保积极的绩效气氛；倾听员工心声，解决他们的问题并帮助员工在公司的矩阵式架构中成功	0–70	71–80	81–88	89–99	100
5	在所有员工中培育团队精神与包容性（跨地区，文化以及区域）并推动公司多元化价值观	0–70	71–80	81–88	89–99	100
6	鼓励员工创新，并支持应当付诸实施的想法	0–69	70–79	80–88	89–96	97–100
7	发展与你一同工作的人，教授并指导，并持续为每一位向你汇报的员工设定清晰的发展计划与目标	0–65	66–76	77–89	90–99	100

简单总结一下，新任经理在 P- 角色认知的准备阶段，要搞清楚作为经理需要通过他人完成工作，其主要职责是把握方向、提高胜任度和控制秩序。

简而言之就是一手管事，一手育人。为此，需要提升和培养自己的人际能力和概念能力。你需要对照优秀经理的七个标准，明确未来需要提升的方向。

根据成人学习理论中的行动学习的要求，我建议每位学员在每个章节学完后自己运用 ORID 工具（表 2-3）进行复盘和总结，明确你下一步的行动计划。

表 2-3 ORID 工具表

焦点呈现法：ORID			
O- 事实 让您有所震动的理念是什么？	R- 感受 当时对事实的直接情绪感受？	I- 思考 有哪些启发和收获？	D- 决定 应用这些启发和收获的行动计划？

其中，O 是 Objective，指事实。在这一章节的学习中，着眼于客观事实，哪一个知识或者是理念让你有所震动。比如，我之前从来没想过管理者是通过他人完成工作的。

R 是 Reflective，指感受。当时对事实的直接情绪感受，可以是喜、怒、哀、乐等。比如，我对事实的反应是高兴，因为我学到了新东西。

I 是 Interpretive，指思考。这件事给我的启发和收获有哪些？比如，我之前太专注于自己的工作，亲力亲为，缺少授权。

D 是 Decisional，指决定。应用这些启发和收获，下一步准备采取哪些行动？比如，我要把 ××× 工作分配给 ××× 干，把 ××× 事情授权给 ×××。

ORID 工具是一个检验自己深度学习和反思的工具。如果不进一步检验自己，并采取行动，很可能第二天就忘记了。因此，建议你多尝试运用这个工具，把学习落实到自身的行动上。

2.4　自我认知阶段的任务清单和产出

你在自我认知阶段需要完成的任务及产出见表 2-4。

表 2-4　自我认知阶段需要完成的任务及产出表

序号	主要任务	产出	参考
1	卓越经理行为自评	卓越经理七个行为期望评估表	表 2-1
2	自我检验	ORID 工具表	表 2-3

过去

现在

第三章

P- 规划速赢

3.1 速赢阶段的误区

在搞清楚经理的角色之后，下一步你要开始赢得别人的信任。大部分经理都是因为在之前的岗位上表现突出而被提拔上来的，但是你要知道在宣布任命的那一刻开始，过去的辉煌已经归零了，你在经理这个岗位上的战功是零，你必须在新的岗位上展现赫赫战功，才能服众。

你的下属中可能有之前的竞争者，正对没有提拔他而是提拔你而耿耿于怀；也可能有观望者，看你的水平到底如何再决定是不是拥护你。你的同僚当中大部分也在观望，看看能不能与你好好合作。你正在组织考察期，你的领导和人事部门也正密切关注你的表现，一旦表现不佳，随时可能被拿下。而所有这些人的耐心，正如前面的调查所说都只有 90—180 天。

因此，作为一个新任经理你必须认识到，在上任最初的 100 天里重中之重是赢，而且是速赢。

我们在研究一些失败的新任经理案例时发现，他们在速赢上经常会犯以下的错误。

1. **不聚焦，贪多嚼不烂**：有些经理刚上任的时候，意气风发，特别是在跟领导和其他人沟通的时候，听到很多人对他的期待，这也想做那也想做，规划了太多的速赢工作，但时间有限，结果到 100 天的时候发现什么都没做好。还有一种情况，刚上任时可能发现有些问题，是前面连续一任或两任经理都没解决的问题。

这个时候你一定要警惕，最好在速赢阶段不要碰这些问题。这些问题长期没能解决是有道理的，你要去了解一下，别觉得自己是英雄，别人没能解决自己一定能解决，那你可能要"出师未捷身先死"。因此千万注意如果这个问题存在了好久，它背后一定是有原因的。在你没找着病根之前，先不要乱做动作。

2. **不了解实际业务状况**：有些经理在没有深入调研新业务的实际情况之前，仅仅凭借过去的经验就开始规划速赢工作，往往容易出现两种结果，一是解决的问题不是实际业务需要的，忙活半天，结果是事倍功半，落了个苦劳没有功劳；二是犯了经验主义错误，问题没解决，没有好的业务结果。出现这两种状况，后果可想而知，只能是以失败告终。

3. **没有在领导关注领域获得成功**：有些经理在选择速赢项目的时候，忽略了与领导沟通的环节，风风火火地开始干，自认为干得很不错，然后再跟领导汇报，却发现根本不是领导想要的结果，可想而知，这种速赢是失败的。因此在规划速赢阶段工作的时候，一定要提前与领导沟通。如果你跟领导讲想做什么，领导却表现得特别勉强，说"你做也行"，那么你就"危险"了。如果领导特别兴奋，特别热心，要帮你分析这些事情应该怎么做，那么这些一定是他想要的。领导关注的事，你推动起来也相对容易，获得的支持也相应会多。

4. **为了结果忽略过程**：作为一个新任经理，在速赢阶段，都会追求一个好的结果。但是如果忽略了过程，也是致命的。自从你上任开始，组织里面就有很多双眼睛盯着你的一言一行，如果你说一套做一套，员工立刻就可以看出来。实际上当你进入这个部门，说自己是部门新领导的时候，大家会想："你是谁？你凭什么做我们的领导？你来了想干吗？"虽然没有问出口，但是心里都在想这些问题，因此你在工作过程中的以身作则是帮助你建立信任非常重要的一环。

5. 无法适应新的文化： 你可能有自己的做事方式和工作习惯，但是每个组织都有自己的文化，当你成为经理的时候，你的做事方式必须与组织的文化相融合。需要注意的是组织文化不仅仅是挂在墙上、写在纸上的那些口号和标语，更重要的是潜移默化的行为方式。你需要理解公司如何定义成功，这一点各个公司有很大的不同。比如有的公司不管过程只看结果；有的公司过程和结果都要关注；有的公司更关注过程。因此你要先了解这个公司的文化，确保你在做事的过程中更加能够让人们接受。

知道了以上常见的误区，我们就可以提前策划，想好对策，避免出现这些错误。一般来说，在规划速赢的时候，需要遵循以下几个原则。

▸ **聚焦原则：** 基于你对部门现状的了解，把你想做的和领导希望你做的事情罗列出来，按照重要性和紧急性做一个排序，从中识别出最有希望的机会，并聚焦于使之成功。首先，你必须根据组织所面临的核心问题去选择速赢项目，即能够产生重大影响的问题。其次，必须跟你想实现的个人的愿景是相关的，你要去想怎样才能把组织的成功跟个人的成功结合起来。再次，不能太宽泛，也不能太具体。若太具体的话，在企业内部就影响小，没有影响力等于没做，无法帮助你立威。若太宽泛的话，那可能在一定的时间内无法完成，会让大家失去耐心。最后，要有一定的灵活性，当外部情况发生变化的时候，或者是你的上级的关注点发生变化的时候，你可能得做相应的调整。

▸ 贴合业务实际：不同的新任经理在面对不同的业务状况时的成功要素不同，你必须思考在你面临的业务状况时什么能够带来最强的持续动能。

▸ 获取上级的支持：了解你的上级领导所关心的领域或者问题，建立领导对你的信任度，获取他的支持并给你匹配所需的相关资源。

▸ 适应公司文化：理解公司怎样定义成功及如何实现成功。

▸ 以身作则：带头履行你希望新团队所具有的行为，从而实现你的成功。

3.2 如何规划速赢：看五年、想三年，落在100天

对于新任经理的速赢，要在短时间内聚焦，抓住几个重点工作，迅速取得成效，要求还是很高的。你必须遵循一定的思维框架，经过系统的逻辑思考才能理清头绪。在过去多年的工作经验中，我们整合了一些实用的工具，教给你一些方法。

图3-1是规划速赢的总体思考逻辑和框架。速赢的项目一定是领导关注的事情而不仅仅是你关注的事，因此它一定是从战略出发的。因此，规划速赢的第一步是抬高你的站位，看看未来五年会有哪些变化，公司为了应对这些变化，做出了哪些战略部署和调整。如果你能洞悉这些变化，将会保证你规划速赢以及未来的方向是大致正确的。

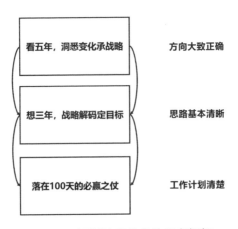

图 3-1　规划速赢的总体思考框架

规划速赢的第二步是对公司的战略进行解码，思考基于公司的战略部署，未来三年你所负责的部门应该怎么做，应该确立哪些目标。战略解码的过程是群策群力的过程，是研讨和共识的过程，它能保证你未来的工作思路是清晰的。

规划速赢的第三步是落在你上任的这100天里真正的速赢项目——"必赢之仗"。之所以叫"必赢之仗"，就是你和团队必须打赢的仗，因为它事关战略，是组织和领导的要求和期望，对你能否顺利地转身至关重要，只能赢不能输。

我们的目标是最后的"必赢之仗"，但是如果没有前面的看五年、想三年的过程，就会走入很多新任经理走过的误区。因此，不能操之过急，必须按照既定的思维框架和逻辑，一步步思考。

总体上我们记住一句话：看五年、想三年，落在100天。这样可确保我们在新上任的100天的速赢工作中既有高度又接地气，既能承接公司的战略，又能通过"必赢之仗"，赢得团队的信任。

3.3 看五年，洞悉变化承战略

你一定会想在规划 100 天速赢的时候，我为什么要看五年呢？之所以要看五年，是因为经理的职责之一是把握方向，如果未来五年没有变化，你完全可以像在高速公路上开车，开启 ACC 巡航就好了，一定可以到达目的地。但是现在这个环境，唯一不变的就是变化，并且变化发生得越来越快。所以看五年的重点要落在洞悉变化上，根据可能发生的变化，不断地调整自己的目标和方向。

具体来看，"看五年"就是你需要了解未来五年宏观环境可能发生的变化，以及这些变化可能对行业、对公司产生的影响，理解可能发生的变化，分析对自己管理的业务 / 职能产生的影响，思考如何应对，确保部门前进的方向大致正确。

很多从专业技术转身的新任经理在过去的工作中很少关注到战略的事情，概念能力是三种能力的短板。我们在职业发展的三种能力中说过，未来职位越高对概念能力（战略能力）的要求越高。洞悉环境变化是具备战略能力的第一步，比尔·盖茨有一句话："我们总是高估在一年或者两年中能够做到的，而低估五年或十年中能够做到的"。同样地，我们总是高估趋势的短期影响，而低估趋势的长期影响。这种战略洞察的关键就在于对未来趋势的判断，因为趋势一旦发生往往很难逆转。

3.3.1 宏观环境分析

"看五年"有现成的 PEST 分析工具（图 3-2）可以应用。PEST 模型是对影响行业和企业的各种宏观力量进行分析，以确定企业发展战略的分析工具。对宏观环境的分析，一般包括对政治（Political）、经济（Economic）、社会（Social）和技术（Technological）四大类影响因素的分析。主要适用于对公司战略、业务战略宏观发展环境的分析。

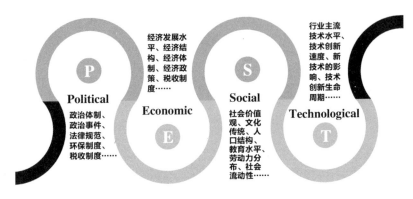

图 3-2　PEST 分析工具

其中 P-Political 政治环境主要包括政治制度与体制、政局、政府的态度等；法律环境主要包括政府制定的法律、法规。如果你公司的业务是全球化的，则要考虑每个国家的政治环境变化。

我国的国家政策对某些行业的影响非常大。比如我们常见的医药医疗、教育培训、光伏、新能源汽车等行业都会密切关注国家政策的变化，往往一个新政策的出台会对行业产生巨大的影响，需要组织人员进行专门的分析和解读。

为了控制全球变暖，国际社会开始讨论和关注碳排放的话题，中国政府也提出了我们自己的"碳达峰"和"碳中和"的"双碳"目标，这些都会对各个行业产生不小的影响。

如图 3-3 案例所示是国家政策对整个大健康行业的影响分析。图中的每一个小点都会影响企业的战略决策，从而影响到微观层面一个部门的工作。

E-Economic 是经济环境分析，构成经济环境的关键战略要素有：GDP、利率水平、财政货币政策、通货膨胀、失业率水平、居民可支配收入水平、汇率、能源供给成本、市场机制、市场需求等。经济环境对企业的影响是直接的，经济的发展速度、货币政策、居民可支配收入的增长等直接影响外部的需求，这一点大家都深有体会。

经济环境的影响是复杂的，对不同的行业和企业的影响也不尽相同。比如受疫情的影响，中国经济包括世界经济增长乏力，这对大多数企业的影响都是负面的，但是对基建来说，可能就会增加投资，影响可能是正面的，所以一定要具体分析（如下面案例所示）。

 案 例

　　由于中美贸易战及新冠疫情的蔓延，外需不足导致出口下降，接下来扩大内需将推动经济发展方式加快转变。短期内政府会稳步推出具有针对性的减税降费和转移支付政策，并配合有节奏的定向宽松货币政策，减轻国内企业尤其是民营中小企业的负担。同时，扩大新基建投资可以发挥一定的作用，民营企业也会参与进来。

　　2020 年政府工作报告指出，未来将会扩大有效投资。今年

医疗服务

①医保控费、整治收费等使得收费下降、对营长反向拉动

②鼓励民营资本进入医疗领域

医药流通

①分级诊疗、电子处方平台、互联网处方有利行业发展

②打击医保骗费等使得行业规范、集中度更高

生物技术与制药

①带量采购、医保控费等政策会加剧药企之间的竞争，而带来降价的风险

②医保目录调出给部分药企带来威胁，但也带来新机遇

③拥有创新药、专利药以及独家药品种的药企未来更具竞争力，掌握更多主动权

④针对肿瘤等慢性病的药品研发成为近期与未来的热门

⑤科创板与港交所给给中小型药企冲刺IPO带来了机遇

⑥支持中药发展上升为国家战略

⑦互联网处方开放会对原有的销售渠道产生冲击

原料

国产仿制药的国产化替代，原料药的市场需求规模扩大，同时掌握关键原料药的企业对下游制药企业的议价能力将会提高

器械、医疗器械

①国家打击高值医用耗材虚高价格，利润率将会下行，导致行业面临洗牌、淘汰一批中小型厂商

②医疗新基建、带量采购会加快器械进口国产代替，装备智能化、也给国产优秀厂商，有利于的PE/VC投资带来机遇

医药 受益于创新药崛起及药企力求中标"带量采购"扎推进行"一致性评价"，加大创新药研发等措施，使得国内科研外包服务(CRO)行业面临新的发展机遇

科技医疗
①分级诊疗、电子处方平台、处方外流、互联网处方等因素会推动互联网医疗快速发展，根据德勤公司测算"十四五"期间约有1500亿元的医院与零售终端空间将转换至线上
②基因大数据、肿瘤大数据及健康管理大数据等；AI医疗；AI医学影像，AI药物研发，AI辅助诊断，AI健康管理及AI疾病预测等技术提供有效的干预方案，降低医疗费用支出，助力医保控费

图3-3 大健康行业的政策环境变化分析（案例）

拟安排地方政府专项债券 3.75 万亿元，比去年增加 1.6 万亿元，提高专项债券可用作项目资本金的比例，中央预算内投资安排 6000 亿元。重点支持既促消费惠民生又调结构增后劲的"两新一重"建设，主要是：加强新型基础设施建设，发展新一代信息网络，拓展 5G 应用，建设充电桩，推广新能源汽车，激发新消费需求、助力产业升级。加强新型城镇化建设，大力提升县城公共设施和服务能力，以适应农民日益增加的到县城就业安家需求。新开工改造城镇老旧小区 3.9 万个，支持加装电梯，发展用餐、保洁等多样社区服务。加强交通、水利等重大工程建设。增加国家铁路建设资本金 1000 亿元。

S–Social 社会环境分析，影响最大的是人口环境和文化背景。人口环境主要包括人口规模、年龄结构、人口分布、种族结构以及收入分布等因素。

对于大多数中国企业来讲，在社会环境上有几个明显的趋势。一是人口老龄化，中国于 1999 年步入老龄化社会，根据新华网发布预测中国老龄人口到 2030 年将达到总人口 18.2%，2050 年将会达到总人口的三分之一。二是生育率降低，国家统计局发布的 2022 年国民经济和社会发展统计公报显示，2022 年我国出生人口 956 万人，出生率为 6.77‰；死亡人口 1041 万人，死亡率为 7.37‰；自然增长率为 –0.60‰，人口自然减少 85 万人。

人口老龄化意味着健康养老产业将面临发展的机遇，医药医疗支出费用将上升，甚至对宠物行业产生利好。生育率的降低对玩具、婴幼用品、教育等行业有负面的影响。同时，大多数制造型企业会面临用工成本的增加。

在社会环境分析中，还需要考虑人口结构的分布，比如中国的城镇化率、中产阶级数量等的变化，都会对行业和企业产生实际的影响。

T-Technological 技术环境分析不仅包括新发明，而且还包括与企业市场有关的新技术、新工艺、新材料的出现和发展趋势以及应用背景。

如果你本身就在搞技术，一定要重点关注未来技术发展的趋势。在过去的半个世纪里，最迅速的变化发生在技术领域，像微软、惠普、通用电气等高技术公司的崛起改变着世界和人类的生活方式。

在当前的环境中，技术变化非常快，日新月异。任正非说华为只要停留三个月，就注定会被从历史上抹去！现在人工智能、新能源汽车、医药、新能源等行业都在技术迭代的迅猛爆发期，如果不能把握技术发展的趋势，很可能会失败。

实际上，如果你不是做技术研发或者开发的，那么你也要清楚技术发展的趋势是很重要的。需要重点提醒的有两点。一是数字化技术，无论你在哪个领域，数字化的发展势不可挡，你必须思考可以应用哪些数字化技术来改进客户（你服务的内外部客户）体验和提高工作效率。现在所谓的数字化转型，背后的逻辑都是应用数字化技术改进我们之前的决策和服务。二是人工智能的出现，对未来很多工作的影响是颠覆性的。这些共性的技术趋势必须加以重视。

在具体的 PEST 分析的时候，你需要做大量的数据、资料搜集和分析的工作，重点思考三个问题：

1. 未来行业发展的趋势是什么？

2. 对我们的机遇和威胁是什么？

3. 我们应该如何应对？

在这些思考的基础上，填写 PEST 分析表（表 3-1）。

表 3-1　PEST 分析表

内容	与行业的相关因素变化与趋势（提示）		机会	威胁	可能对策
政治	• 国际政治关系现状 • 热点政治事件的出现 • 国家的税收政策	• 合同法与消费者法律 • 人力资源相关法律法规 • 环保安全相关法律法规			
经济	• 国家总体经济状况与趋势 • 利率与货币政策 • 汇率变化趋势	• 通货膨胀率 • 能源供给成本 • 客户总体实力与结构			
社会	• 人口数量与结构 • 劳动力与流动性 • 社会教育水平	• 宗教信仰与风俗观念 • 社会福利与生活条件 • 职业态度与企业家精神			
科技	• 政府科技开支 • 产业技术水平 • 新型发明专利	• 技术迭代趋势与速度 • 技术转化率 • 信息技术变革			

比如在分析科技变化的时候，ChatGPT 的横空出世一定会对你的工作产生重大的影响。这些影响会不会给工作带来一些机会？你的部门能否利用 ChatGPT 提高工作效率或客户的满意度？同样，这个技术对我们有没有威胁？部门里助理的工作可能会大幅减少，或者未来是否还存在平面设计类的工作都未可知。分析了机会和威胁之后，最后的落脚点一定是你需要采取哪些策略要抓住机会规避威胁，这样分析才有实际的价值。

需要注意的是，PEST 分析不是要对所有要素进行深度分析，要抓住对自己所在行业相关的一个或几个重要方面进行分析，影响较小的要素可以不做分析。

3.3.2 行业环境分析

PEST 分析是聚焦于宏观环境的分析，在此之后，你可以做一些行业分析，看看整个行业未来的变化和趋势是什么，对你们的业务和你的工作会产生哪些重要的影响。

行业分析工具比较多，切入点各不相同。作为一个新任经理，我建议你重点关注行业价值链、行业发展阶段、细分市场的规模、增速和行业集中度的分析。

○ 行业价值链分析

价值链这个名词是由美国学者、战略管理专家迈克·波特在《竞争优势》一书中首次提出的。行业价值链分析是指企业应从行业角度，从战略的高度看待自己与供应商和经销商、客户的关系。

行业价值链分析的重点是看整个行业由哪些企业（玩家）构成的，这些企业在整个行业链条中处于什么样的位置，它们的关键成功要素什么，它们的竞争状况如何，未来会有什么样的演变趋势。

同时，要明确你工作的公司在行业价值链中的位置，你们是怎么与行业上下游合作的，整个行业的价值转移的趋势是什么，这些对你未来的工作意味着什么。

表 3-2 是对安防业务的行业价值链进行的分析，通过这样一张表，你能清晰地看到行业里面的企业构成，都是什么样的角色在参与，哪些环节属于高附加值，未来如何变化等。

表 3-2　行业价值链分析案例

安防业务产业链

所提供的产品和服务	供应商	产品制造商	软件商	集成商经销商	工程商	运营服务商	
	供应商：芯片等	硬件产品	系统应用软件	系统集成、项目管理、维护	工程施工	设备分销和零售	外包运营服务
关键成功因素（KSF）	• 对行业应用的深刻理解 • 强大的技术和研发实力	• 强大的技术和研发实力 • 行业定制服务能力 • 强大的销售网络渠道	• 对于行业需求的深刻理解	• 良好的客户关系及应用户方案设计理解 • 解决方案设计能力 • 复杂系统的集成能力	• 对于IT系统的集成施工能力	• 丰富的经销网络 • 强大的供应链管理能力	• 运营服务方案设计能力 • 内部运营管理能力
毛利率状况	• 芯片厂商高，结构物料等一般	• 毛利率较高	• 毛利率高	• 毛利率较低	• 毛利率低	• 毛利率很低	• 毛利率较高
企业数量	• 芯片企业数量较少	• 数量较多	• 数量较多	• 数量众多	• 数量众多	• 数量众多	• 数量较少
竞争状况（激烈程度）	• 竞争比较激烈，以海思为代表的芯片整合厂法造成了智能设备的同质化趋势	• 以我司和DH为代表形成寡头优势，并积极向下游拓展	• 随着政府向服务转型，IT类公司逐渐进入，有逐渐分散度的趋势	• 大型项目逐渐集中，具备较强的客户关系能力，集成企业优势进一步竞争加强	• 仅仅以工程施工为主要业务的工程商将被逐渐淘汰	• 经销商更多集中在低端消费者市场	• 国内市场还未成熟，以安防运营安防端为主要业务的运营安防厂商还需进一步开拓国内市场
发展演化方向和趋势	• 芯片功能细分化 • 芯片集成度来越高	• 前端设备智能化 • 设备集成化 • 网络集成化 • 后端云服务化	• 平台管理统一化 • 分支/子系统联动化 • 管理平台智能化 • 业务整合 • 专业化 • 系统扩展灵活性 • 功能设计便捷化	• 一体化综合解决方案 • 云计算、物联网、大数据应用来越重要的角色	• 只专注于施工的企业将会渐渐失去竞争力		• 随着运营服务市场的日渐成熟，运营服务商的运营业务将会得到较大发展

○ 行业发展阶段分析

每个产业都要经历一个由成长到衰退的发展演变过程，也称为行业生命周期。一般来说，行业的生命周期可分为四个阶段（图3-4），即初创期（也叫幼稚期）、成长期、成熟期和衰退期。

在行业初创期，由于新行业刚刚诞生或初建不久，因而只有为数不多的创业公司投资于这个新兴的产业。比如现在兴起的人工智能、元宇宙等属于典型的初创期，这个阶段对涉入其中的公司来说，重点是研究、发展技术，完善迭代产品、探索可持续的商业模式，抢占市场。

在行业成长期，新行业的产品经过迭代逐渐成熟，得到消费者的认可和青睐，市场需求开始上升，新行业也随之繁荣起来，但随之而来的是行业竞争开始加剧。处于行业成长期的公司往往需要关注生产和销售，稳固自己的市场领导地位，享受行业快速发展的成果。当前的新能源汽车行业正处在这个阶段，渗透率在逐步提高，发展速度很快。

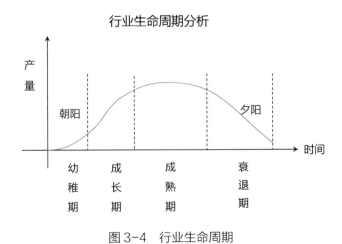

图3-4 行业生命周期

在行业成熟期，在竞争中生存下来的少数大厂商垄断了整个行业的市场，每个厂商都占有一定比例的市场份额，行业新进入者比较少，竞争格局稳定。处于行业成熟期的公司往往关注产品质量、售后服务、运营效率和技术创新，以延长行业的生命周期。当前很多行业都处于这个阶段，比如服装、家电行业等。

在行业衰退期，由于新产品和大量替代品的出现，原行业的市场需求开始逐渐减少，产品的销售量也开始下降，整个行业便进入了生命周期的最后阶段。处于行业衰退期的公司往往更加关注成本控制。

洞悉行业的发展阶段，你大概可以看到未来五年公司会往哪个方向走，从而确定该如何定位自己的部门。

○ 细分市场分析

行业发展阶段分析是针对整个行业的分析，如果把某个公司涉足的细分市场拿出来分析的话，有可能会有不同的结论或者是完全相反的结论。比如整个汽车行业现在是成熟期，从细分市场来看燃油车可能进入了衰退期，而新能源汽车处于快速成长期，二者是此消彼长的关系，因此身处其中的企业感受可能也是冰火两重天。

对于细分市场主要集中分析其成长性、规模。成长性主要是看未来五年的增长速度，如果增长速度高，则意味着有扩张的机遇，同时竞争可能加剧，需要考虑如何建立自己的"护城河"。细分市场的整体规模主要看整体会有多少销售额，值不值得投入其中。

细分市场分析（图3-5）的维度可以按城市级别、区域、价位段、渠道、用户进行细分。完成基于整个行业发展阶段的分析之后，进行细分市场分析也可以帮助找到企业未来增长的机会、业务发力的方向，从而影响到公司管理的各个方面。

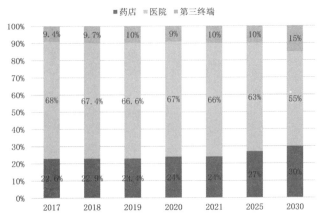

医药零售终端主要业态占比

■药店　■医院　■第三终端

数据来源：米内网，2020年及以后年份数据为预测

图3-5　按渠道细分市场案例

○ 行业集中度分析

行业集中度是指某行业的相关市场内前 N 家最大的企业所占市场份额的总和，是整个行业的市场结构集中程度的测量指标，用来衡量企业的数目和相对规模的差异，是市场实力的重要量化指标。

行业集中度反映整个市场的竞争状况以及未来发展的趋势。行业集中度越低，意味着市场比较分散，没有强势主导品牌，一般竞争比较激烈；行业集中度越高，意味着几家大公司占据了大部分的市场，竞争格局比较稳定。

还以医药零售行业为例（图3-6），中国 2019 年 CR10 仅20%，而日本药妆店 CR10 达到 65%，美国 CR3 即达到 77%，中国药品零售行业集中度尚有较大提升空间。意味着行业还会继续跑马圈地，作为其中的从业者，需要洞察其中的机遇和威胁，从而采取针对性的应对策略。

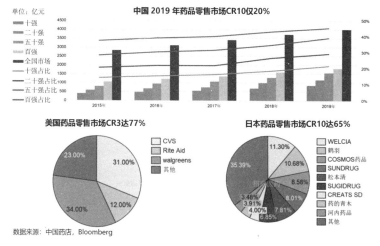

图 3-6 行业集中度分析（案例）

另外，进行行业分析的时候，经常还会用到波特五力模型，分析企业的供应商、客户、同行竞争者、产品替代者和潜在进入者这五方面的力量，他们在未来一段时间的发展趋势，以及可能造成的影响。在此不再赘述。

总之，"看五年"是你成为经理之后的抬头看路，如果之前没有相关的知识储备，还是很有挑战的，但这是支撑你未来管理岗位走得更远的必备技能。当然，你也可以充分利用内外部资源（图 3-7）更快地加深理解。

外部报告
☐ 同行年报（上市公司）
☐ 券商调研报告
☐ 行业协会年、季与月报
☐ 国家统计局（宏观）
☐ 外企咨询公司调研报告
☐ 招股说明书
☐ 情报公司背景调查
☐ 竞争对手访谈

内部报告
☐ 战略规划报告
☐ 职能战略报告

图 3-7 PEST 分析时可以使用的内外部资源库

外部报告都是机构智慧的结晶，已经做了大量的数据分析工作，你可以直接引用他们的结论。

内部如果有现成的战略规划报告（包括职能战略报告），前面一般都会有内外部环境分析的部分（图 3-8、图 3-9），这都是经过研讨后的干货，你可以直接借鉴使用。在未来的工作中，你也要养成定期阅读类似报告的习惯，对你的工作一定会大有帮助。

一、企业战略规划概述……

二、宏观战略环境（PEST）分析……

2.1 政策法规环境：国家“十三五”规划重点强调加快A减排的推进工作……

2.2 经济环境：未来经济走势仍乐观，能源消费量持续增长……

2.3 社会文化环境：A减排纳入社会核心价值观教育体系……

2.4 技术环境：总体技术创新能力不足，市场对A新技术需求迫切……

三、行业战略环境分析……

3.1 A业务行业战略环境分析……

3.1.1 A业务行业现状与发展趋势……

3.1.2 波特五力竞争模型与利益相关者分析：A业务……

3.1.3 A行业关键成功要素分析……

3.2 一次B设备行业战略环境分析……

3.2.1 一次B设备行业现状与发展趋势……

3.2.2 波特五力竞争模型与利益相关者分析：一次B设备……

3.2.3 一次B设备行业关键成功要素分析……

3.3 C业务行业战略环境分析……

3.3.1 C业务现状与发展趋势分析……

3.3.2 波特五力竞争模型与利益相关者分析：C业务……

3.3.3 C行业关键成功要素分析……

四、外部环境机会与威胁……

4.1 外部环境的机会与威胁概括……

4.2 机会……

4.3 威胁……

五、企业内部战略环境分析……

图 3-8　某公司外部环境分析报告目录（案例）

	企业战略规划报告	编　号：
		版本号：A/0
		页　码：第 3 页 共 76 页

图 3-9　某公司战略规划报告目录（案例）

在这个阶段，你接收到内外部的大量的数据、信息以及别人的观点，重要的是你需要消化，然后思考你对行业底层认知的观点（可能英文 insight 洞见更贴切一些）。这是非常难的一件事情。

我记得在 2014 年、2015 年的时候中国已经有新能源（电动）汽车，但是现在的新能源汽车销售的排行榜上已经看不到它们了。为什么它们并没有建立起先发优势？原因在于那时对电动汽车的底层认知是换一种能源形式，还是用做燃油车的思维做电动汽车，自然比不过燃油车。而现在的特斯拉、蔚来、小鹏、理想对新能源汽车的底层认知是在燃油车的基础上的升级，是智能化的升级，只有洞察并抓住这个本质，才能占领消费者的心智模式，才能取得成功。

3.4 想三年，战略解码定目标

"想三年"是你在了解宏观环境变化之后，把目光聚焦到组织内部，你要去看基于对这些发展趋势的洞察，组织的战略是什么，目标是什么。目的是思考作为一个部门的负责人，你想把你的部门带向何方？你的部门应该为哪些目标而努力？

第一步，你需要理解公司的战略，摸清领导的思路。如果你们公司有战略地图，那就太好了，你可以直接通过看图来理解战略。

战略地图（Strategy Map）由罗伯特·卡普兰（Robert S. Kaplan）和戴维·诺顿（David P. Norton）提出。他们是平衡计分卡的创始人，在对实行平衡计分卡的企业进行长期的指导和研究的过程中发现，企业由于无法全面地描述战略，管理者之间及管理者与员工之间无法沟通，对战略无法达成共识。

战略地图（图3-10）是以财务、客户、内部运营、学习成长四个维度的目标为核心，通过分析其相互关系，绘制的企业战略因果关系图。战略地图的核心内容包括：通过运用人力资本、信息资本和组织资本等无形资产，创建战略优势和效率，将特定价值带给市场及客户，从而实现股东价值。主要适用于将企业战略分解成具有逻辑关系的要素和指标，以落实企业战略。

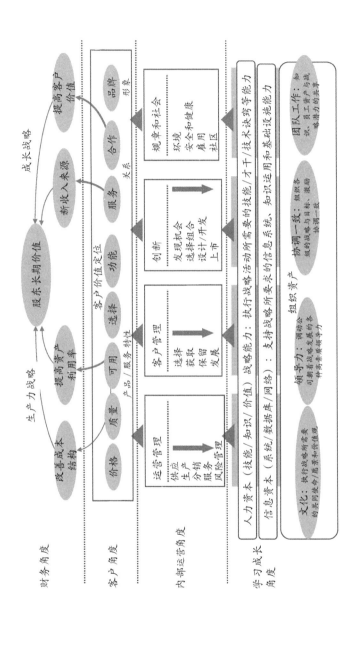

图3-10 战略地图模板

如果你们公司没有使用战略地图这个工具，没关系，你可以根据战略地图的分析思路（图 3-11），厘清公司的战略，也能帮你更好地理解公司的战略。

战略地图的分析思路逻辑是很完整的，它从财务、客户、内部运营和学习成长四个维度来展开思考。

▸ 财务维度

在财务方面，我们要提供股东满意的投资回报。一般来说，只有两种路径可以选择，一个是成长战略，就是开源、增加收入。另一个是生产力战略，就是降成本，包括优化成本结构和提高资产利用效率。因此从战略上，我们首先要知道股东对我们的财务期望是什么。

▸ 客户维度

在客户方面，我们要满足客户的价值主张。因为要实现你对财务的目标，必须从客户那里获得销售收入，而要想获得销售收入，你必须满足客户的某些价值主张客户才会买你的产品或者服务。

所谓客户价值主张，就是回答客户为什么要买你的产品或服务。战略地图的理论认为，客户价值主张分为三类：一是产品 / 服务的特性，包括价格、质量、可用性、可选择性和功能；二是关系，包含客户服务和长期合作；三是形象，也就是品牌。客户购买我们的产品 / 服务一定是我们在上述八个方面满足了客户的差异化需求。

客户的价值主张对应四种基本的竞争战略类型。

第一种类型的价值主张对应总成本领先战略，其目标应该强调有吸引力的价格、卓越而一致的质量、较短的交货期、方便的购物方式和良好的选择，典型的企业代表是沃尔玛、西南航空、

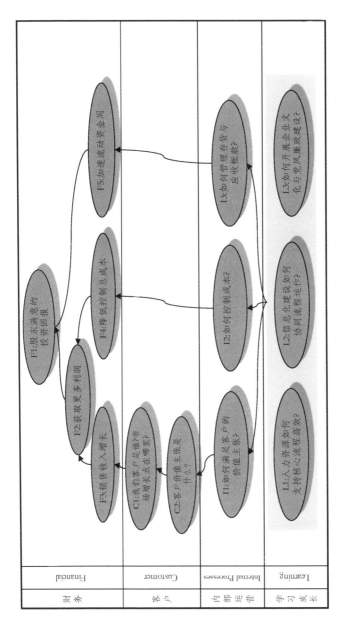

图3-11 战略地图分析思路

戴尔等公司。

第二种类型的价值主张对应产品领先战略，强调的是独特的产品特征和性能，这些特征和性能是客户所看重并愿意付出高价得到的，典型的企业代表是英特尔、索尼等。

第三种类型的价值主张对应全面解决方案战略，强调提供全面客户解决方案，他们了解客户并能提供客户化的、满足他们需要的产品和服务。典型的企业代表是IBM等。

第四种类型的价值主张对应的战略是系统锁定，是公司为客户创造了高转换成本，让客户离不开它。

在做战略分析的时候，客户价值主张应该是差异化的。首先要根据市场和客户细分，锁定我们的目标客户，然后分析这些客户的价值主张是什么，我们要在客户的价值主张上做得比竞争对手好，才能让客户买我们的产品/服务。

▶ 内部运营维度

在内部运营方面，要在运营管理、客户管理、创新和利益相关者的管理流程上，重点围绕客户的价值主张进行设计和优化。

内部运营一定要跟客户的价值主张结合起来分析。比如，如果客户关注的是成本，那么我们就要从整个企业的内部价值链来看要如何降成本，研发部如何从技术革新、材料革新方面降低成本，采购部如何从原材料采购、供应商替代方面降低成本，生产部如何降低成本，仓储物流部如何降低成本。同样的道理，如果客户关注的是质量，同样从这些方面逐一去思考。

需要注意的是，在进行内部运营分析的时候，一定会跟你负责的部门建立直接的联系，这是你思考的重点，你负责的部门是如何更好地满足客户价值主张的，通过新增、优化流程还是采取哪些措施来实现。

▸学习成长维度

在学习成长方面，战略地图的逻辑是你要想做好内部运营，一定要有分析执行战略活动所需要的技能/才干/技术诀窍等能力，支持战略所要求的信息系统、知识运用和基础设施能力，实现战略所需的组织和企业文化。

学习成长维度的分析也与你负责的部门直接相关，你需要思考的是部门内部的人力资源、信息化、数字化、文化氛围能否满足内部运营的需要，需要采取哪些关键举措。

总体来说，战略地图分析可以简化按照表3-3所示的问题清单来思考，你就基本搞清楚领导的战略思路了。

表3-3　战略地图问题清单

维度	战略地图问题清单
战略任务	1.公司的使命、愿景、价值观是什么？
财务	2.股东对我们未来在财务上的表现有何期待？如何分阶段实施？
客户	为了实现我们的财务目标 3.我们如何实现增长？我们产品组合和市场组合是什么？ 4.我们的客户为何买我们的产品或服务？他们的价值主张是什么？ 5.我们其他的利益相关者还有哪些？他们的价值主张是什么？
内部运营	为了实现客户的价值主张，我们重点需要在运营管理流程、客户管理流程、创新流程、社会流程上 6.设定怎样的目标来满足客户价值主张？ 7.设定怎样的目标来加快资产的周转？ 8.设定怎样的目标来支持成本费用降低？

维度	战略地图问题清单
学习成长	为了支撑内部运营流程 9. 未来人力资源战略目标是什么？（人才培养目标、知识管理等） 10. 未来推动信息化、数字化的设想？ 11. 未来企业文化建设、学习型组织的设想？

其实要想回答好这些问题，你只要再理一下他们之间的相互支撑关系，公司的战略地图基本就出来了。图 3-12 是某公司开发的战略地图。

当然战略不是你的主要工作，这是高层应该思考的问题，战略地图也是他们要画出来并在组织内部进行宣贯沟通的，你需要做的只是理解它就好了。

但是，如何像高层一样思考或者理解公司的战略思路还是非常重要的。因此，如果你们公司没有战略地图的话，你不妨花点时间思考一下，绘制一份战略地图。哪怕这个战略地图不是那么完善都不要紧，重要的是这个思考的过程。

在"想三年，战略解码定目标"这个步骤中，对于你来说，最重要的是你对部门目标的思考，也是这个环节的最终产出。在充分了解公司的战略意图之后，你需要回答以下几个问题：

▶ 给你三年时间，你想把这个部门带成什么样？

▶ 部门的客户（内外部客户）是谁？他们有哪些价值主张？

▶ 公司的哪些战略目标与你的部门相关？

▶ 这些指标你的部门应该承担多少？

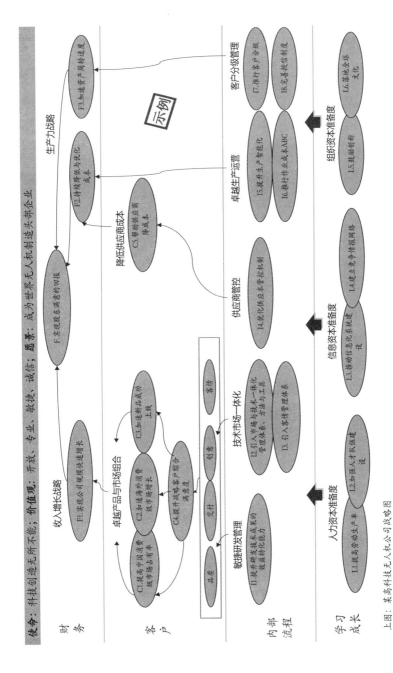

使命：科技创造无所不能，开放、专业、敏捷、诚信；愿景：成为世界无人机制造头部企业

图 3-12 某公司战略地图（案例）

上图：某高科技无人机公司战略地图

➼ 为了承担这些指标，你的部门应该在哪里发力？部门的主要内部运营流程如何做得更好？

➼ 为了承担这些指标，你的部门应该靠什么发力？部门的学习成长如何做得更好？

这些思考的过程你可以组织部门内部的同事一起讨论，也可以邀请上下游的部门参与，整个思考和讨论的过程就是部门战略地图的绘制过程和部门目标的确定过程。因此，在这个过程中，有两个非常重要的产出，一个是部门战略地图，一个是部门的平衡计分卡。

部门战略地图的绘制过程跟公司战略地图的编制过程类似，这里不再赘述。你可以参考几个部门的战略地图案例（图 3-13—图 3-16）

部门的战略地图和平衡计分卡是"想三年，战略解码定目标"的最终产出和载体，在部门内部需形成共识。同时，如果你的上级领导没有参与这个过程，一定要与上级领导正式沟通汇报，获得他/她的认可与支持。在新任经理规划速赢的误区当中，有一种是做的事情不是领导想做的，与领导汇报确认是非常好的避免方法。

部门的战略地图和平衡计分卡是未来三年你们部门的指引性文件，当然每年可以根据实际情况进行修订。但是如果用来指导前 100 天的工作，还需要将它落在 100 天的"必赢之仗"上。

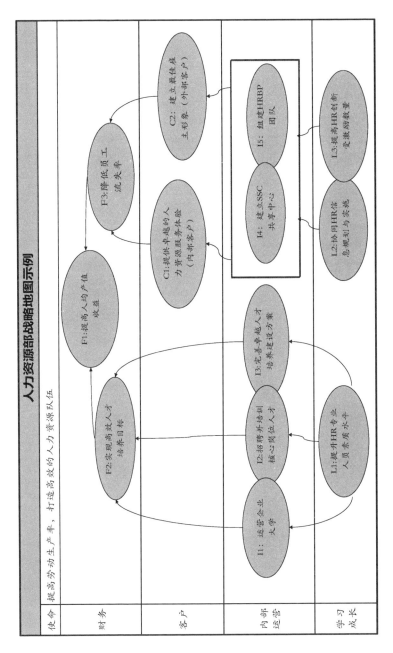

图 3-13　某企业人力资源部战略地图（案例）

人力资源部 ___ 年 平衡计分卡

维度	战略目标	核心衡量指标	目标值	行动计划	预算支出	主要责任人
财务	F1 提高人均产值收益	人均产值收益				
		每一元薪资成本支出产值收益				
	F2 实现高效人才培养目标	员工总量（根据业务预测）		人力资源三定计划		
		业务收入与员工人数增长比				
		高级管理人员比例				
		高级技术人员比例				
		关键岗位人才任职资格达标率				
	F3 降低员工流失率	平均流失率		员工关怀计划		
客户	C1 提供卓越人力资源应用户体验	人力资源综合满意度				
	C2 建立雇佳雇主形象	推持"最佳雇主"奖誉称号				
内部运营	I1 成立运营企业大学	见行动计划节点		企业大学组建计划		
	I2 招聘并培训核心岗位人才	核心岗位人才平均培训课时数		人力资源培训计划		
		核心岗位人才培训成果转化率		人力资源招聘计划		
		核心岗位人才需求到岗周期				
	I3 完善卓越人才培养建设方案	见行动计划节点		关键人才培养计划（公司级）		
	I4 建立SSC人力资源共享中心	见行动计划节点		SSC共享中心组建计划		
	I5 组建HRBP团队	HRBP团队建设率				
学习成长	L1 提升HR专业人员素质水平	人力资源部门任职资格达标率		人力资源培训计划		
	L2 协同HR信息规划与实施	HRM系统建设计划评价得分				
	L3 提高HR创新受激励数量	合理化建议数量				

图3-14 某企业人力资源部平衡计分卡（案例）

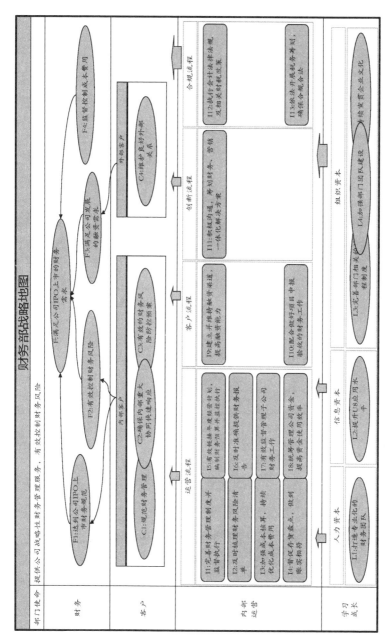

图3-15 某企业财务部战略地图（案例）

财务部平衡计分卡

维度	战略目标	核心衡量指标	2019年目标值					2020年目标值	2021年目标值	战略行动计划	主要责任人
			全年	第一季度	第二季度	第三季度	第四季度				
财务	**F:满足公司IPO上市的财务需求**										
	F1:达到公司IPO上市财务规范	会计师事务所审计通过率	100%	/	/	/	/	100%	100%	/	
	F2:有效控制财务风险	A级财务风险事件发生次数	0	0	0	0	0	<1	0	/	
		B级财务风险事件发生次数	<1	/	/	/	/	<1	<1		
	F3:满足公司发展的融资需求	授信金额(亿元)	>1.5	/	/	/	/	>1.5	>1.5		
		融资需求到位达成率	100%	/	/	/	/	100%	100%		
	F4:监控制财务成本费用	成本费用率	85.87%	86.52%	86.98%	84.28%	85.85%	88.30%	90.35%		
客户	**内部客户**										
	C1:规范财务管理	会计师事务所检查问题数(重大)	<0	/	/	/	/	<0	<0		
		会计师事务所检查问题数(一般)	<3	/	/	/	/	<3	<3		
	C2:确保内审重大协同联动响应	重大协同任务联动成数(月度)	0	0	0	0	0	0	0		
	C3:有效应时的财务风险防控监表	财务风险表未及时报表次数(风险暴露后反向遗漏)	<2	/	/	/	/	<1	<1		
	外部客户										
	C4:维护良好外审关系	外审通退次数	<1	/	/	/	/	<1	<1		
		纳税信用评级	A级	/	/	/	/	A级	A级		
运营	**运营流程**										
	I1:完善财务管理制度并监督执行	内控抽查不合格项(重大)	<0	/	/	/	/	<0	<0		
		内控抽查不合格项(一般)	<3	/	/	/	/	<3	<3		
	I2:及时梳理财务风险清单	财务风险清单事项更新发布时效率	100%	100%	100%	100%	100%	100%	100%		

图3-16 某企业财务部平衡计分卡（案例）

3.5 落在 100 天的"必赢之仗"

规划速赢最终的目的是要明确在 100 天的关键时期,你要聚焦做哪几件事。前面的"看五年"和"想三年"是宏观层面的思考,需要转化成当下微观层面的事情。因此前面是前奏,下面才正式进入主题。

如果仅仅明确了三年的目标,那么往往对当下的指导作用不够,因此将目标分解到眼前的 100 天非常重要。在管理学当中,把大目标分解成小目标也是很重要的目标管理的技巧和原则。

 案例

1984 年,在东京国际马拉松邀请赛中,名不见经传的日本选手山田本一出人意料夺得了世界冠军。当记者问他凭什么取得如此惊人的成绩时,他说了这么一句话:"凭智慧战胜对手。"

马拉松赛是体力和耐力的运动,因此人们认为他是在故弄玄虚。

两年后,山田本一在意大利国际马拉松邀请赛上又获得了世界冠军。记者又请他谈经验,山田本一仍是上次那句话:"用智慧战胜对手。"这让记者对他所谓的智慧迷惑不解。

10 年后,谜底终于被解开了,他在自传中说:"起初,我总是把目标定在 40 多公里外终点上的那面旗帜,结果跑到十几公里就疲惫不堪了,常常被前面遥远的路程所吓倒。后来,每次比赛前,我都要乘车把比赛的线路仔细地看一遍,并把沿途比较醒目的标志画下来，比如第一个标志是银行，第二个标志是一棵大树，第三个标志是一座红房子……，这样一直画到赛程的终点。比赛开始后，我就以百米的速度奋力地向第一个目标冲去，等到达第一个目标后，我又以同样的速度向第二个目标冲去。就这样，40多公里的赛程被分解成一个又一个小目标，所以就轻松地跑完了。"

是的，对新任经理也是一样。我们需要把三年的战略和目标，分解成100天的小目标，让它更加具体、更加明确、更加触手可及，也要通过一个个小目标的实现，建立信任，积小胜为大胜，取得最后的胜利。

规划速赢的最后一步我们称之为100天的"必赢之仗"，所谓"必赢之仗"（must win battle），顾名思义就是你为了赢得组织和下属的信任，完成100天的转身必须打赢的仗，只能胜不能败。通常来说，"必赢之仗"必须具备以下几个特点

➤ **是需团队协同作战、集部门之力攻打的仗**："必赢之仗"是对公司战略任务的承接，通常需要部门协同与配合，它是**战略性的、影响全局的、输不得的部门工作重点**。

➤ **有限的资源与时间下，在精不在多**：是在有限资源内，高度聚焦能量的关键之举。记住，你只有100天的时间，因此"必赢之仗"要控制在3个左右，也就是俗话讲的"新官上任三把火"。

➤ **在100天内能产生明确的结果**："必赢之仗"是战斗而不是战役，必须能让大家在100天的时间内看到战斗的成果。如果需要很长时间才能看到成果，很难让别人信服。

确定 100 天的"必赢之仗"的过程，需要我们对三年目标进行进一步的解码。整个解码分四步进行（图 3-17）。包括关键差距、根因分析、改进方向和"必赢之仗"。

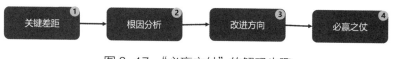

图 3-17 "必赢之仗"的解码步骤

3.5.1 第一步，确定关键差距

根据前面确定的三年目标，围绕经营和管理数据展开差距分析，作为找到"必赢之仗"的关键输入。

战略源于对现状的不满，不满意也是我们工作的出发点和改进点，而不满意是对现状和期望业绩之间差距的一种感知。关键差距分成两类。一是业绩差距，是现有经营结果和期望值之间的差距，简单理解为未达预期的差距。另一个是机会差距，可以理解为现有经营结果与最佳实践或同行之间的差距。

业绩差距示例：过去五年业务急剧增长，在此期间，产品质量有所下降。我们引进六西格玛的尝试失败了，在过去 12 个月里我们失去了 5% 的市场份额。每一个百分点代表着约 5 亿美元收入损失。我们要在未来 24 个月收复损失掉的市场份额。

机会差距示例：目前基于我们现有客户的业务增长每年只有 5%，且客户的期望不断上升。如果我们能向价值链高端转移，从提供单个的产品或部件发展到提供整体解决方案，不仅能够在存量客户中挖潜，还能在新市场中争取客户，这样我们就能将收入和利润在未来三年里提升 20%。

将前面确定三年目标的 KPI 指标（包括财务、客户、内部运营、学习成长指标）的目标值、完成情况和差距数值进行统计与复盘，把结果与目标差距大、与外部行业 / 竞争对手相比差距较大的指标，列为关键差距（图 3-18）。

维度	关键指标	目标	实际	差距值	目标达成率	备注
财务	销量			正向差值请用绿色		
	▲ 销售额			负值请用红色		
	毛利	如无法提供实际数值，如无法提供实际数值，可以只填写差距值 可以只填写差距值				
用户	▲ 客户满意度					
	产品返修率					
	产品投诉率					
	用户净推荐值(NPS)					
...	......					

图 3-18　部门 KPI 关键差距表

同时，可以运用标杆对比分析法，确定与领先实践或同行存在的关键差距（图 3-19、图 3-20）。

标杆 企业	先进实践	对XXX的启示

苹果	**■ 用户体验结构化设计**
	✓ 用户体验调研（NPS）遵循结构化的框架，形成设计、监控、分析、持续优化的反馈闭环
	✓ 各级管理者根据管理权限和业务需求使用Tableau进行用户全旅程的NPS监控
		■ NPS的结构化优化及闭环管理机制打通
		  ✓ 基于用户旅途的NPS结构化设计优化
		  ✓ 区域层面的用户问卷设计自主化优化机制搭建

孩子王	**■ "育儿顾问＋数据工程师"机制实现用户体验持续优化** ✓ "育儿顾问＋数据工程师"前者侧重过服务与会员建立情感上的深度连接，后者通过数字化手段的反馈，赋能服务体验的治理，形成服务数字化的闭环	✓ 用户评价的实时的反馈到各层级体系，问题追踪机制打通，追踪实时可视 ✓ 自上而下的NPS看板搭建
九机网	**■ 交易结束后15分钟，推送结构化的用户调研问卷：** ✓ 店员服务＋门店体验＋产品 三方面的用户满意度调问卷，填写体验良好 **快速反应：** 投诉事件2小时还原，1天出解决方案，解决方案持续跟踪落地 **异常管理层的进度可视化：** 自CEO到门店员面的，实时可见的，用户评价结果、投诉处理进程	✓ 中台用户数据挖掘，为前端提供优化建议 编写NPS提升培训材料，为前端赋能

图 3-19　标杆分析法确定关键差距（案例）

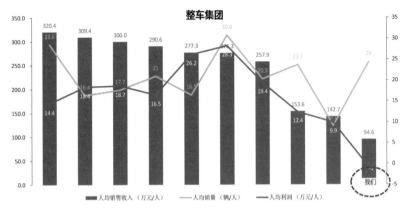

图 3-20　与同行进行数据对标确定关键差距（案例）

　　两种差距分析的方法可以结合使用。在丰田的管理体系中，差距也分为两类，一种是现实与目标的差距，一种是现实与理想状态的差距。比如，×××同学英语考试得了 75 分，而之前她定的目标是 85 分，理想状况（考取重点高中英语的成绩）是 90分，这里就有两个差距，都是可以重点分析的地方。

　　确定关键差距需要一定的数据支撑，有数据才有说服力。同时要找到组织比较关注的，改进之后意义重大的差距，这些才能称为关键差距。

　　差距分析是确定问题的过程，而一个好的管理者首先是一个能发现问题或者提出问题的人。当你能提出问题的时候，特别是提出与众不同的问题的时候，往往就意味着机会。链家在转型之前，跟其他的房地产中介门店一样，只是在北京的市场份额比较大，但也仅仅是一个区域的地产中介公司。在谋划未来的时候，链家的董事长左晖提出一个问题，"地产中介有没有可能出现一个全国性的公司？"在与 IBM 的战略顾问一起研讨这个问题的时候，逐渐明确了链家转型的方向。

在差距分析的时候要敢于剖析自己，要敢于直面现实。通过差距分析，逐步界定未来 100 天你要解决的问题。需要注意的是，一个好的问题是具体陈述而非笼统说明，并且富有内涵。比如"我们是否应该努力工作来提高 ×× 产品的利润"，"×××是否应该努力学习提高英语成绩"，这都不是好的问题，笼统而没有内涵。如果将问题转换成"我们是否可以通过大客户销售、线上渠道的开拓，降低制造费用来提高 ×× 产品的利润"，"×××是否可以每天增加 20 分钟的听力训练，背默 20 个单词来提高英语成绩"这样的陈述，问题就可以深入探讨和研究了，方向比较清楚。

3.5.2 第二步，根因分析

对关键差距的存在，根因分析的时候要挖掘深层次的原因和影响因素，根本原因不能浮于表面。分析的时候重点对内看，简化对外看，不能找到的都是外部环境的问题，外部的问题在部门内很难解决。

分析根因，关键在于思考几个问题：我们为什么有差距？差距为什么会存在？弱点在哪里？挑战根本原因的每一种假设：为什么？为什么？为什么？

如图 3-21 案例所示，当我们多问几个为什么的时候，根因才可能浮出水面。因此，根因分析的时候要对自己狠一点，要敢于自我否定，要勇于自我批评。

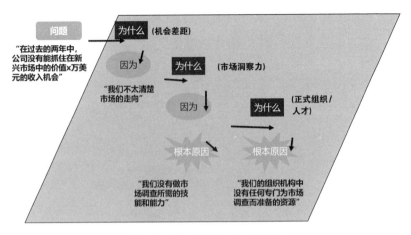

图 3-21　根因分析（案例）

　　比如，孩子的英语成绩退步，与预期目标差了 5 分，为什么？首字母填空和阅读理解失分过多，为什么？单词量不足，单词不熟，为什么？背单词的时间投入不够，每天没有专门的时间背单词。通过这样的分析慢慢就能找到根因。错误的示例是孩子的英语成绩与预期目标差了 5 分，为什么？孩子的脑子不好，孩子的老师教得不好，这就不是根因了。

　　一般来说，在做部门关键差距根因分析的时候，可以遵循下面的框架（图 3-22）找原因。可以从战略和价值观、组织和管控、体系和流程、绩效和激励、人员能力、IT 信息化和技术六个方面找根因，遵循框架会让我们的思考更全面，分析更准确。

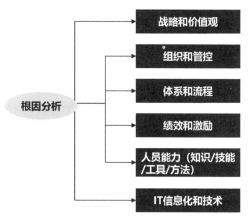

图 3-22　根因分类

　　如果能找到问题的根本原因，解决办法就简单许多。因此，根因分析这个步骤非常重要，你在根因分析的时候，可以遵循以下几个要点。

▶ 大胆假设——抛弃先入为主的观念，多方面思考要因

　　既抛弃先入为主的观念，又能灵活使用"经验"和"感觉"。先从自己工作的职责范围内寻找要因，而不要武断地将原因推卸到其他地方。做到"无重复""无遗漏"地思考所有要因（根因分类的六个方面）。

▶ 小心求证——确认事实，反复追问"为什么"

　　通过分析，确认推测的要因是否是事实，这个过程往往需要进一步的数据分析或者现场调研。

　　注意区分"意见"与"事实"。比如×××今天没有背单词是"事实"，而×××总是不背单词则属于"意见"，意见不是根因。

要注意所推定的要因中是否包含了因果关系。比如"×××英语不好是因为脑子不太聪明"不是因果关系，"×××英语不好是因为她没有时间学习英语"则属于因果关系。

还要注意因果关系是否逆向也成立。比如"为什么有客户投诉，因为客户神经质"，反过来，"客户神经质一定会导致客户投诉"，不成立。而"为什么有客户投诉，因为新车购买时有划痕"，反过来，"新车购买时有划痕，一定会导致客户投诉"，这时因果关系成立。

▶ 明确根因

反复追问"为什么"，查明真因。如果过早停止追问为什么，就无法找到根因。但不要轻易地将真因归咎于人的"意识"与"态度"。一般来说，问题的根因往往可以归结为一个，而即使确定了数个根因，仍然要深入分析，尽可能缩小范围。

▶ 检验根因

针对这个要因采取对策，问题是否可以得到解决，并能获得可持续性的成果。从这个要因引到问题点，是否能够按照"因为……所以……"，基于事实逆推因果关系。如果再追问一次"为什么"，是否就造成了问题的扩散。

根因分析是很好的工具，在根因分析之后，我们把根因和差距用鱼骨图连接起来，就能很清楚地看到问题的全貌（图3-23、图3-24）

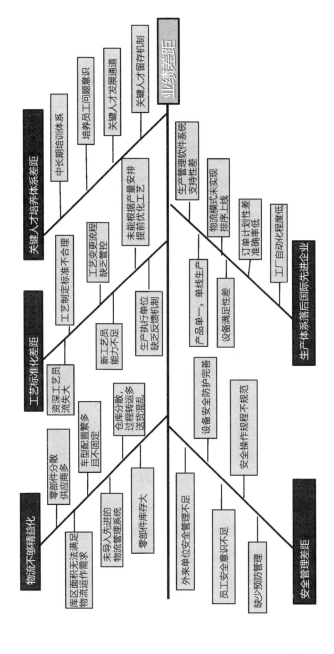

图3-23 业绩差距及根因分析（案例）

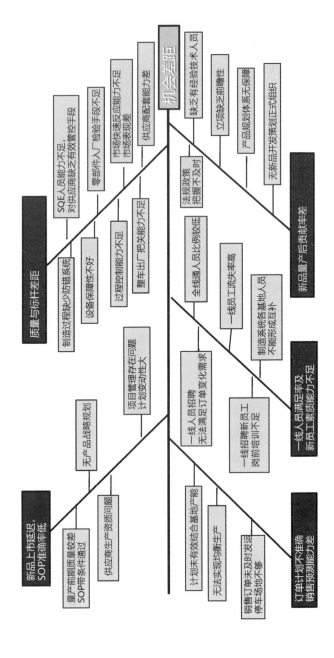

图 3-24　机会差距及根因分析（案例）

3.5.3 第三步，改进方向

当我们认真做好根因分析之后，就很容易知道如何改进了。在讨论改进方向的时候，与根因的分类一一对应去穷尽思考，先不用去考虑现在能不能做，有没有资源去做，领导会不会支持你做，有没有条件去做。我们需要做的就是对照根因，先把所有可能的改进方向罗列出来。

如图3-25所示，改进方向与根因可以对应起来。比如人员能力（知识／技能／工具／方法）的问题，可以通过关键岗位的招聘来解决，也可以通过加强对现有人员的发展和培训来解决。如果是组织、流程的问题，则要考虑通过组织架构优化、流程体系建设和流程优化来解决。

制定改进方向的过程是广泛讨论和头脑风暴的过程，不拘泥于固有观念和自己工作范围的限制，针对根因，思考尽可能多的对策，然后进行归纳整理，将类似的方案进行分类合并，在确认没有遗漏和重复之后，再将改进方向具体化。

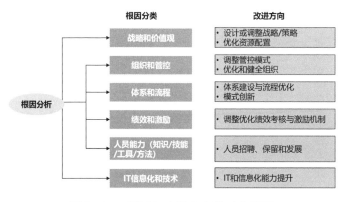

图 3-25　根因与改进方向的对应关系

3.5.4 第四步，"必赢之仗"

经过前三个步骤的分析，你会发现很多的改进方向，但是，不是每一个改进方向都是最后的"必赢之仗"，小心这里面的陷阱。

每个经理在上任伊始，都是雄心勃勃，都想做很多事。如果你在解码的过程中，有很多的任务清单，建议你按照下面的原则（图3-26）筛选出3个作为"必赢之仗"，最多不要超过5个。

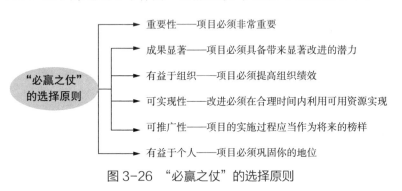

图3-26 "必赢之仗"的选择原则

总之，你选择的"必赢之仗"对组织很重要，同时项目的成功也要有利于组织和你个人（威信的建立），这样才能保证"必赢之仗"能够实现双赢。

我们来看一个具体的案例。

　　某行业隐形冠军企业新提拔了一个人力资源经理，该企业的规模不大，属于中小企业，是个典型的制造型企业。经过前面的"看五年"和"想三年"之后，该 HR 经理明确了自己的三年目标如下：

三年战略	愿景：打造业界一流的人力资源管理体系 使命：为奋斗者搭台，让奋斗者出彩
三年目标	提升劳效：人均销量每年提升 10%（其中一线员工数量增长率控制在 16%） 提升员工获得感：人均工资在 2020 年的基础上增加 50% 调优人员结构：壮大年轻干部、新兴领域人才、核心人才和高技能员工队伍 推动人力资源数字化转型 推动雇主品牌建设：入选最佳雇主榜单

因为要与自己的行业地位相适应，与领导达成共识之后，他们期望自己的人力资源管理体系也能达到行业的一流水平，引领整个行业的发展。

 案例

该经理在分析关键差距的时候，发现最近几年入职的人很多，离职的人也很多，每天都在忙于应付招聘的事情，成为整个部门的痛点。拉出数据后发现试用期的员工离职率远高于标杆企业，于是选择试用期员工离职率开展关键差距分析（图 3-27）。

经过解码之后确定了三个"必赢之仗"。优化员工入职体验，因为现在的入职流程不清晰，配合不好，员工入职时不知道找谁，没有相关的引导和培训，电脑、办公位等准备不及时，所以员工入职时感受不佳，是白领试用期离职的很重要的原因，同时也影响自己雇主的品牌形象。开展一线班组长的培训项目，

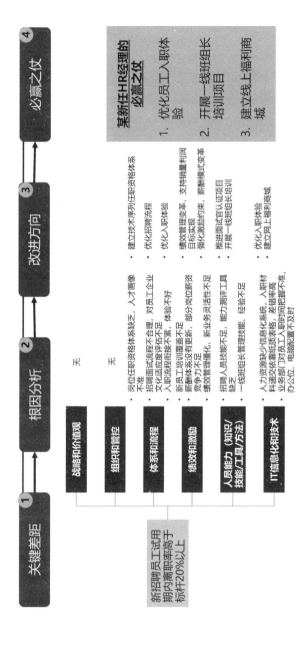

图 3-27 某 HR 经理 "必赢之仗" 解码过程示例

关键差距 ① → **根因分析** ② → **改进方向** ③ → **必赢之仗** ④

新招聘员工试用期内离职率高于标杆20%以上

根因分析维度	根因	改进方向
战略和价值观	无	
组织和管控	无	
体系和流程	岗位任职资格体系缺乏，人才画像不准 招聘面试流程不合理，对员工企业文化适应度评估不足 入职流程衔接不紧，体验不好	建立技术序列任职资格体系 优化招聘流程 优化入职体验
绩效和激励	新员工培训覆盖不足，部分岗位薪资竞争力不足 薪酬体系没有更新，新业务灵活性不足 绩效管理僵化，新业务灵活性不足	绩效管理变革，支持销量利用目标实现 强化激励约束，薪酬模式变革
人员能力（知识/技能/工具/方法）	招聘人员技能不足，能力测评工具缺乏 一线班组长管理技能、经验不足	推进面试官认证项目 开展一线班组长培训
IT信息化和技术	人力资源缺少信息化系统，入职资料速交靠纸质表格，差错率高 业务部门对员工入职时间把握不准，办公位、电脑配置不及时	优化入职体验 建立网上福利商城

某新任HR经理的必赢之仗

1. 优化员工入职体验
2. 开展一线班组长培训项目
3. 建立线上福利商城

一线员工更多的是因为班组长的管理技能不足，不善于沟通造成试用期离职，同时公司有很多新建的基地，班组长缺乏也会严重影响产能爬坡和产品质量。建立线上福利商城则是为了减少福利发放的工作量，同时让员工可以选择喜欢的商品，提高员工的满意度，也不会影响未来整体的人力资源数字化建设。

通过上面的案例你可以发现，好的"必赢之仗"不必过于宏大，但一定要抓住主要矛盾，基于整体目标，重点解决当前的痛点问题，务必要在100天内出成果。

需要注意的是，没纳入"必赢之仗"的项目，并不是它不重要，也可能都是作为HR经理未来三年需要逐步解决的问题，只是现在要么时机不合适，要么100天内无法完成，没有纳入"必赢之仗"。但不能因为没有纳入"必赢之仗"而置之不理、视而不见，而是评估之后要列入长期工作计划，通过"必赢之仗"的成功，为未来解决问题创造良好的工作环境。

我们再来看一个新任采购经理的案例。

案例

某整车企业的某关键物料的新任采购经理，发现新车型上市之后，产能爬坡较慢，其中采购的问题比较突出，他选择从零部件保供和零部件质量两个方面进行关键差距分析，具体如图（图3-28）。

最后，他选择了三个可以在100天出成果的项目作为自己的"必赢之仗"。为了提高保供能力和降成本，针对关键部件进行采买分离，采购订单专门负责采购执行，下订单到交货全

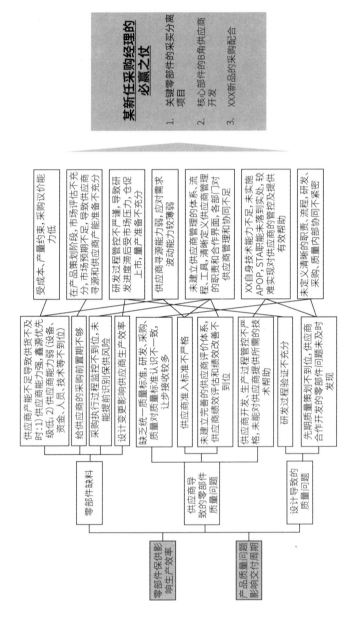

图 3-28 某采购经理"必赢之仗"解码过程示例

过程，供应商开发专门负责供应商的准入及绩效管理，根据考核结果进行汰换。同时，为了保供，开发B角供应商。另外加上配合新品研发的采购项目。

通过上面的案例，你会发现，如果你已经熟练掌握工具和方法，那么就不用拘泥于一步一步的格式，只要分析过程到位即可。

如果"必赢之仗"只是像图 3-27 和 图 3-28 那样描述，一定很难理解、宣贯和操作。因此，在确定"必赢之仗"之后，你需要清晰地描述它，下面表格（图 3-29）是一个好的"必赢之仗"的描述必须包含的内容。

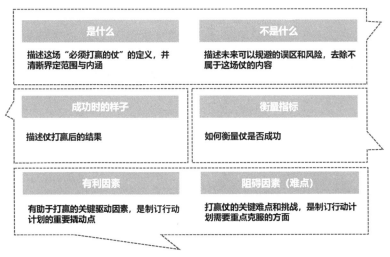

图 3-29 "必赢之仗"的描述格式

首先，你要说清楚这场仗"是什么，不是什么"，通过描述"是什么"界定范围与内涵，通过描述"不是什么"说清楚认识的误区和可能存在的风险，去除不属于这场仗的范围。

"必赢之仗"的定义的撰写原则：

1.清晰明了，能向一线员工说清楚；

2.明确定义关键词；

3.最好能形成"一一对应"。

 案 例

　　2023年10月22日，在极氪001 FR上市发布会前夕，极氪智能科技CEO安聪慧以"精兵战略"为主题在内部人才培训班上进行交流分享（图3-30），系统性地阐述了极氪在人才战略、企业文化、流程架构等方面的进化思考。安总在跟员工沟通精兵战略的时候，也选择了"是什么、不是什么"的描述方法。

图3-30　"精兵战略"主题分享活动

　　其次，你要描述这场仗"成功时的样子"以及"衡量指标"。"成功时的样子"是描述打赢后的结果，它的描述是战略性的、影响全局的和长远的，同时它的描述是体现"展望"，并让人兴奋的。

"衡量指标"是如何衡量仗是否能打赢的。它的描述应该遵循SMART 原则（1. 具体 Specific；2. 可被衡量 Measurable；3. 能够实现 Achievable；4. 体现"结果性"Result；5. 以一定时间为基础Time–based）。

最后，你要把有利因素和阻碍因素识别出来并描述出来。"有利因素"是有助于打赢的关键驱动因素，是制订行动计划的重要撬动点；"阻碍因素"是打胜仗的关键难点和挑战，是制订行动计划需要重点克服的方面。

有利因素和阻碍因素的思考维度包括：1. 外部环境带来的影响；2. 内部能力的高低：组织体系、人员能力、资源储备、管理经验、企业文化、管理层心态和领导力……

好的"必赢之仗"描述示例：

如果"必赢之仗"只是一句话、一个口号，每个人的理解可能都不一样，因此就很难让团队内部目标一致。经过格式化的描述（图 3–31—图 3–33），就能比较清晰地表达仗的内涵和边界，很容易达成共识。

对"必赢之仗"的格式化描述，澄清其边界和内涵，是凝聚共识的手段，也是其能落地的关键一环。要使公司普通员工都能够轻松理解公司所面临的"硬仗"，理解一致是力往一处使的基础。明确成功时的样子与衡量指标，定量与定性相结合，与公司整体目标与预算分解的要求相承接，是"必赢之仗"不沦为"喊口号"的重要基础。如何利用好有利因素，破解阻碍因素，是行动分解的重要来源。

XXX新任经理100天必须打赢的仗

优化员工入职体验

是什么	不是什么
· 是以终为始对员工入职流程的重新设计和优化 · 针对本部员工的	· 增加额外的资源投入 · 针对所有员工的

成功时的样子	衡量指标
· 员工报到(on board)第一天就具备开展工作的条件(电脑、工位、名片、办公用品准全) · 整个入职流程快捷高效,体验优于其他雇主企业	· 共享中心(HR SSC)调查的入职满意度提升至90%以上

有利因素	阻碍因素
· HRBP已经就位,各部门BP可以负责推进 · 业务部门领导支持度高 · IT系统已具备一定的条件	· 现有财务、IT制度不支持提前购置电脑 · 现有HR服务技能需要提升

图3-31 "必赢之仗"描述(案例1)

XXX新任经理100天必须打赢的仗

关键零部件的采买分离项目

是什么
- 是针对成本占比80%的关键零部件
- 供应商开发和采购订单管理分成两个组操作，增加相互监督

不是什么
- 所有零部件
- 增加编制，增加内耗

成功时的样子
- 组织高效运转，人员专业度提升
- 关键零部件采购成本降低，供货及时率提高

衡量指标
- 采购降本8%
- 供货及时率提高15%

有利因素
- 有最佳实践可以参考
- 领导和企业文化支持

阻碍因素
- 现有供应商的利益可能受损
- 现有供应商开发的能力

图3-32 "必赢之仗"描述（案例2）

XXX新任经理100天必须打赢的仗

优化报销流程实现数字化

是什么	不是什么
· 是对现有流程优化再造后的数字化	· 简单的线下搬到线上
· 是寻找合适的现有平台并实施	· 自己开发系统

成功的样子	衡量指标
· 内部报销时间大幅缩短	· 平均从30天缩短到7天
· 提高会计核算速度并能帮助控制部门费用	· 费用归集准确率98%以上

有利因素	阻碍因素
· 员工的支持	· 费用按项目归集的标准不清晰
· 财务信息系统有较好的基础	· 财务资金压力增加

图3-33 "必赢之仗"描述（案例3）

在描述完"必赢之仗"后，你需要思考如何制订行动计划来帮助落地了，有行动计划支撑，仗才可能打赢。在制订行动计划的时候，也有固定的格式模板能帮助你结构化地思考（图3-34）。

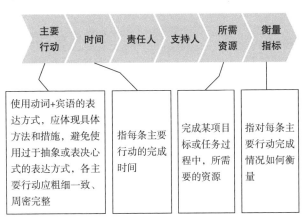

图 3-34

好的行动计划示例（图3-35—图3-37）：

XXX新任经理100天必须打赢的仗					
优化员工入职体验行动计划					
主要行动	完成时间	责任人	支持人	所需资源	衡量指标
入职体验现状调研	D5	张XX	赵X	协调调研对象	- 调研20人 - 调研总结报告1份
入职流程优化设计研讨	D10	张XX	-	财务、IT及HRBP参加	- 流程设计报告
入职流程汇报与系统上线	D20	张XX	李XX	IT系统配置调整	- 按时上线
入职体验改善宣贯培训	D20	张XX	-	财务、IT及SSC、HRBP参加	- 按时培训
HR SSC服务技能培训	D20	刘XX	张XX	讲师资源与培训预算	- 参加率100% - 培训考核合格率100%
入职满意度跟踪调研	D60	王XX	-	SSC通过系统发放问卷	- 90%以上
入职体验改善复盘调整	D70	张XX			- 复盘总结报告

图 3-35　行动计划（案例1）

XXX新任经理100天必须打赢的仗					
关键零部件的采买分离项目行动计划					
主要行动	完成时间	责任人	支持人	所需资源	衡量指标
ERP数据导出与分析	D5	岂X	王XX	ERP权限	- 分析报告
确定关键零部件	D10	岂X	王XX		- 分析报告
组织内部分工调整到位	D30	栗XX	刘X		- 岗位调整，系统设置到位
关键零部件寻源与询价	D60	王XX	岂X	供应商资源库	- 每个关键零部件3个以上供应商名单
关键零部件采购集中竞价	D75	岂X	王XX		- 比现有价格实现采购降本8%
关键零部件采购订单跟进	D80	栗XX	刘X		- 供货及时率提高15%

图 3-36　行动计划（案例 2）

XXX新任经理100天必须打赢的仗					
优化报销流程实现数字化行动计划					
主要行动	完成时间	责任人	支持人	所需资源	衡量指标
线上报销系统考察与交流	D15	陈XX	余XX		- 3家以上潜在供应商
现有报销流程优化	D15	余XX	王XX		- 流程优化设计报告
按项目归集费用的标准讨论与确定	D30	余XX	王XX	IT及业务人员参与、预算管理员	- 发布文件、完成IT配置
线上报销系统招标	D30	陈XX	余XX	采购部、资金预算	- 招标结果
线上报销系统实施	D40	余XX	王XX	供应商	- 按时上线
线上报销系统使用培训	D40	余XX	王XX	IT及关键用户	- 全员参与 - 微信、邮件发送使用手册
线上报销系统使用情况分析	D90	余XX	王XX		- 报销周期 - 费用归集准确率

图 3-37　行动计划（案例 3）

　　一般来说，一个"必赢之仗"对应一个行动计划，当然在行动计划中你可以继续拆分，把一级行动拆分成二级行动。当明确了行动计划之后，你需要做的是建立周会、月会制度，根据时间节点的要求，定期进行点检和纠偏，确保计划目标的达成。

　　到形成行动计划，整个"必赢之仗"的解码才算最终完成。

整个过程是一个严谨的思维过程，需要准备大量的数据、内外部资料、填写表格。因此，除非你很有经验，否则我建议你通过在部门内部召开战略解码会议的方式来完成整个流程。

以下是"必赢之仗"解码研讨会设计的相关资料供你参考：

案例

会议名称："必赢之仗"解码研讨会

参与人员：部门全体人员＋上级领导（可选）＋外部教练（可选）

时间：1—2天

会议流程：

1. 开场致辞

主要讲本次会议的目的、整体流程和时间安排，同时对参会人员做动员，请大家贡献智慧，全情投入，以及提出会议的纪律要求等。

2. "看五年"，分享未来发展趋势，研讨对部门工作的启示

这个环节非常重要，可以请外部的专家分享一些资讯，可以安排内部专人分享一些信息和数据（如公司的战略规划等），给大家一些引导，然后由会议的主持人组织大家进行分组讨论，头脑风暴，运用前面讲的 PEST 工具，分析未来的变化对部门工作的影响以及对策。

3. "想三年"，讨论部门三年工作目标，形成平衡计分卡（BSC）

同样进行分组头脑风暴，按照"想三年"的工作步骤、工具和方法，先分组形成初稿，然后再集中研讨，形成共识。

4. 讨论100天的"必赢之仗"，确定三个"必赢之仗"

同样进行分组头脑风暴，按照"必赢之仗"的工作步骤、工具和方法，先分组形成初稿，然后再集中研讨，形成共识。

5. "必赢之仗"的格式化描述

同样进行分组头脑风暴，按照"必赢之仗"的文件格式，先分组形成初稿，然后再集中研讨，形成共识。

6. 行动计划的格式化描述

同样进行分组头脑风暴，按照行动计划的文件格式，先分组形成初稿，然后再集中研讨，形成共识。行动计划必须落实到人。

7. 会议总结

总结会议收获，发布会议成果，做"必赢之仗"的落实动员，确定行动计划的跟进和复盘机制。如有必要，对参会人员进行表彰等。也可以请领导点评发言。

"必赢之仗"解码研讨会建议在封闭的环境中召开，参会人员都能有良好的精神状态，全身心投入会议中。它不仅仅明确部门的目标和路径，更是大家协同作战的战略地图。它不仅仅是工作部署，更是共商共识在有限的资源下，如何聚焦解决部门最重要的事。它不仅仅是流程式、表单式的交付，而是结合催化手法与干货输入，直面现状、相互激发、凝聚共识的过程。因此，如果在条件允许的情况下，可以邀请外部顾问，或者请导师、教练参与其中，催化团队取得更好的会议效果。

"必赢之仗"和行动计划确定之后，后面的重要工作就是落实计划。在落实"必赢之仗"的时候，如何能确保速赢呢？你可以参照下表的策略（表3-4）。

表 3-4 "必赢之仗"目标和策略表

目标	策略
建立信任度 你是谁? 你的主张? 你的方式? 你的目标? 你的价值观?	带头示范以下有效的行为: ◆有要求,但不要过于苛刻 ◆平易近人,但不要太随便 ◆果断,但更要明智 ◆专注,但要灵活 ◆积极,但要避免混乱 ◆提出严格的工作要求,但也要人性化
利用"示范时刻"	◆识别并利用那些展现了你的价值观和你所鼓励的行为的时刻,充分发挥杠杆作用
巩固切实的成果	◆坚持你的长期目标 ◆识别并关注最有希望的焦点(提升业绩) ◆将试点项目作为引进新行为的机会 ◆提拔变革的行动者
避免可预见的风险	主动识别以下领域的潜在问题: ◆外部环境 ◆客户,市场,竞争对手,战略 ◆内部能力 ◆组织的政策 / 策略

3.6 规划速赢阶段的任务清单和产出

总结一下，你在规划速赢阶段需要完成的任务及产出见表
3-5。

表 3-5　规划速赢阶段任务及产出表

序号	主要任务	产出	参考
1	看五年，洞悉变化 承战略	PEST 分析表	表 3-1
2	想三年，战略解码 定目标	部门战略地图 部门平衡计分卡	图 3-13—图 3-16
3	落在 100 天的"必 赢之仗"	新任经理 100 天 "必赢之仗"	（图 3-31—图 3-33）
		行动计划	（图 3-35—图 3-37）
4	自我觉察	ORID 工具表	表 2-3

今昔对比

过去

现在

第四章

P- 人际影响

4.1 新任经理必须了解的人力资源理论

明确速赢阶段的"必赢之仗"之后，经理的角色决定了你必须通过他人完成自己的目标，因此之后最重要的工作就是怎么通过对人的管理来实现自己的目标。人员管理是一门很高深的学问，也是一门艺术。如果你之前很少接触相关的知识，那么在这里我先简单介绍几个我认为非常重要的理论，这对你理解后面的内容很有帮助。

4.1.1 马斯洛需求层次理论

需求层次理论由美国社会心理学家亚伯拉罕·马斯洛在20世纪50年代提出，其核心观点是人类的需求包括五个层次（图4-1），从低到高分别是生理（食物和衣服）需求、安全（工作保障）需求、社交（友谊）需求、尊重需求和自我实现需求。

图 4-1　五个需求层次

马斯洛需求层次理论是行为科学的理论之一，他告诉我们一旦低层次的需求得到基本满足后，激励的方向应向高层次转移。

在不同组织中、不同时期的员工以及组织中不同的员工的需要充满差异性、变化性、复杂性。因此，作为新任经理，你应该关注到不同员工的需求阶段，弄清员工未得到满足的需要是什么，有针对性地进行激励，整个队伍才会充满活力、干劲十足。

比如，你需要定期回顾员工的薪酬状况，跟组织内外部的薪酬水平进行对比，通过调整薪酬福利水平、增加补充保险等来满足员工的生理需要和安全需要。当然，这些需要跟公司整体的人力资源政策保持一致，或者寻求 HR 的帮助和支持。

现在"00 后"已经步入职场，网上流行一句话"00 后整顿职场"，其根本原因就是这一代人出生的环境比较好，大部分人家庭条件不错，他们的生理需求和安全需求已经得到满足，原来的很多管理、激励手段激励不了他们。他们更多地在追求社交、尊重和自我实现的需要，他们更看重工作的价值。因此，更多的是需要通过工作设计、团队建设和职业生涯的规划来激励他们。

总之，如果一个团队超过 10 个人，那么他们的需要满足情况一定会有差异，你需要敏感地洞察这些差异，因人施策，才能激励大部分人。

4.1.2 麦克利兰能力素质冰山模型

冰山模型（图 4-2）是美国著名心理学家麦克利兰于 1973 年提出的一个著名的模型。所谓"冰山模型"，就是将人员个体素质的不同表现划分为表面的"冰山以上部分"和深藏的"冰山以下部分"。

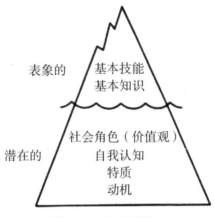

图 4-2　冰山模型

　　其中，"冰山以上部分"包括基本知识、基本技能，是外在表现，是容易了解与测量的部分，相对而言也比较容易通过培训来改变和发展。

　　而"冰山以下部分"包括社会角色、自我认知、特质和动机，是人内在的、难以测量的部分。**它们不太容易通过外界的影响而得到改变，但却对人员的行为与表现起着关键性的作用。**

- ▸ 基本知识，指个人在某一特定领域拥有的事实型与经验型的信息。

- ▸ 基本技能，指结构化地运用知识完成某项具体工作的能力，即对某一特定领域所需技术与知识的掌握情况。

- ▸ 社会角色，指一个人基于态度和价值观的行为方式与风格。

- ▸ 自我认知，指一个人的态度、价值观和自我印象。

- ▸ 特质（性格），指个性、身体特征对环境和各种信息所表现出来的持续反应。品质可以预测个人在长期无人监督下的工作状态。

▸ 动机，指在一个特定领域的自然而持续的想法和偏好（如成就、亲和、影响力），它们将驱动、引导和决定一个人的外在行动。

我举个简单的例子帮助你理解冰山模型。冰山上面的部分是基本技能，比如我们都会跑步，这就是技能。但是不掌握跑步的知识（方法、技巧、原理、好处等），就可能跑不快、跑不远、跑一会儿就受伤。当一个人的价值观认为健康特别重要，并知道跑步是便捷、有效地促进身体健康的运动方式，那他就可能经常进行跑步这项运动，这就是价值观。自我认知就是他认为这个行为不是自己该做的。例如，对于短跑运动员而言，通常28岁时身体条件就过了巅峰时期、就会退役。但苏炳添经过与各方的综合评估，认为自己还能继续跑，应该还能取得更好的成绩，他没有把自己定义为一个到了年龄就必须要退役的运动员，于是就毅然打破年龄限制坚持了下来，经过顽强的努力最终一次次突破自己，在32岁时成为"亚洲飞人"。动机或需求对个人行为的影响表现为一个人是否渴望做出某种行为。还是苏炳添的例子，不管是年龄、伤病还是比赛失利，都没有磨灭他要赢的斗志和信念，他的成就动机非常强烈，从国内冠军、亚洲冠军到奥运会决赛，不断挑战更高的目标，不断突破自己取得更好的成绩。特质就是天生的，看你有没有跑步的天赋，我们普通人如果具备除特质以外的其他东西，再怎么努力也还是在跑步上达不到苏炳添、博尔特的高度。

冰山模型告诉我们，员工能否取得卓越的绩效表现不仅仅由冰山上面部分的"基本知识和基本技能"所决定，更多是由冰山下面的部分决定的。

这其实很好理解，看看你们大学毕业的同学，毕业的时候，你们掌握的专业知识和技能没有显著差异，而五年后、十年后、二十年后大家的差异逐步显现出来了，背后是内在的价值观、自我认知、动机和个人特质在起决定性的作用。跟你一样是专业工作者的，有的人可能还在专业技术上深耕，而有的人开始当经理走上了管理的路线，最后还是冰山下面的部分决定谁能走得更好。

了解冰山模型之后，作为新任经理，可能有以下几个要点需要注意：

1. 搭建团队的时候，选择很重要。冰山模型有一句很经典的话："你也许能够教会一只火鸡去爬树，但还是找一只松鼠来得容易一些。"当你可以选择团队成员的时候，招聘非常重要。招到合适的人，你后面的管理就会轻松很多。否则，你将会在之后增加辅导、培训、监督等很多工作。记住，你在招聘上花的时间未来会数倍回报给你。

2. 招聘人才的时候，不能仅局限于对技能和知识的考察，而应从应聘者的求职动机、个人品质、价值观、自我认知和角色定位等方面进行综合考虑。如果没有良好的求职动机、品质、价值观等相关素质的支撑，能力越强、知识越全面，对企业的负面影响会越大。

3. 作为一个经理，你需要帮助员工成长，因此你需要通过观察、倾听来了解员工的动机，这样你才能把合适的人放到合适的位置上，才能让他取得好的绩效。

4.1.3 激励理论

双因素理论（Two Factor Theory）亦称"激励—保健理论"，由美国心理学家赫茨伯格于 1959 年提出。该理论把企业中有关因素分为两种，激励因素和保健因素（图 4-3），而这两种因素是影响员工绩效的主要因素。

激励因素是指可以使人得到满足和激励的因素。激励因素与工作本身或工作内容有关，包括成就、赞赏、工作本身的意义及挑战性、责任感、晋升、发展等。这些因素如果得到满足，可以使人产生很大的激励，若得不到满足，也不会像保健因素那样产生不满情绪。

保健因素是指容易产生意见和消极行为的因素。保健因素的内容包括公司的政策与管理、监督、工资、同事关系和工作条件等。这些因素都是工作以外的因素，满足这些因素，便能消除不满情绪，维持原有的工作效率，但无法激励人们更积极的行为。

图 4-3　双因素理论

作为一个新任经理，双因素理论给我们的启示主要有两点：

一、必须注重激励因素。

与保健因素相比，激励因素才能充分、持久地调动员工的工作积极性。在刚上任的 100 天内，立足未稳，调动团队的积极性至关重要，因此你更应重视激励因素，而这些往往并不需要多少成本，只是你有没有注意到的问题，比如：

1.改进工作的内容。如实行工作丰富化设计，尽可能给予完整的工作任务（想想为什么"00 后"不愿意去大厂打螺丝，而愿意去送外卖？），特别是新生代的员工，他们更注重工作本身的意义。

2.减少对员工管理上的控制，增加他们的自主性、权力以及自由；鼓励他们从事新颖的、有挑战性的工作等，使他们能在工作中充分发挥自己的潜能。这一点非常重要，有些新任经理有很强的权力情结，有太强的控制欲，会让员工感觉不受信任、不受尊重。

3.对员工取得的成就及时给予肯定和表扬，使他们感受到自己受重视和信任。给下属的工作提供直接的、正面反馈等，让他们在工作中感受到成就、责任和成长。

二、必须注意处理好保健因素与激励因素的关系。

我们在设计薪酬体系时，福利体系（节假日福利、食堂补贴、交通补贴、生日、员工俱乐部等）就是很典型的保健因素，绩效奖金是典型的激励因素。但是绩效如果不与部门和个人的表现挂钩，变成了大锅饭，变成了事实上的平均主义，它就变成了保健因素，起不到激励的效果。

第一，不能忽视保健因素的作用，但也不能过于注重改善保健因素。赫兹伯格研究发现保健因素的作用是一条递减曲线。当员工的工资、奖金等报酬达到某种程度后，其作用就会下降，过了饱和点，还会起相反作用。

第二，还要善于把保健因素转化为激励因素。保健因素和激励因素是可以转化的。关键是要把保健因素的获取和改善同员工的绩效挂钩，这样保健因素就能转化为激励因素，对员工起激励作用。

4.2 新任经理人员管理五个步骤

人员管理是经理的重要工作，怎么强调它的重要性都不过分。作为刚开始做这项工作的新人，对于如何做好这项工作可能你还没有头绪。人员管理说难也难，说不难也不难，我建议你按照以下五个步骤（图 4-4）开展这项工作。

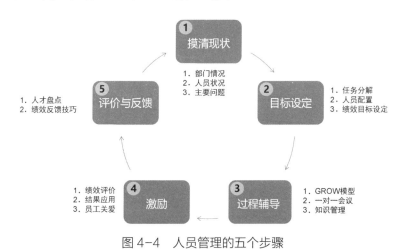

图 4-4　人员管理的五个步骤

4.2.1 第一步：摸清现状

无论是不是新任经理，现状都是我们工作的出发点。作为新任经理，你更需要搞清楚部门人员的现状，作为规划你工作的起点。

搞清楚现状无非是调阅资料和现场调研两种手段。

调阅的资料包括公司的各种管理制度、部门人员的基本档案、过往的薪酬与绩效状况、过往的能力测评情况、过去的工作计划和总结等。通过这些资料，你会对部门的整体状况和下属的基本情况有一个大致的印象，是非常快捷的了解现状的办法。当然，如果你对这些状况本来就很熟悉，可以酌情减少。

很多人往往会忽视管理制度的研读，其实一个公司的管理制度基本上说明了作为经理公司给了你哪些授权、你做事的依据和方法等，只有很好地掌握了制度的内容，做事才能有条不紊。因此，如果公司有系统的管理制度，一定要认真研读。

光研读资料还不够直观，你需要对人员有更直接的接触和了解。因此，现场调研也是必不可少的。现场调研，我建议你跟下属进行一个访谈。如果下属不多，在 20 人以内，你可以每个人都安排一个访谈；如果人数多的话，可以选择其中的一些代表访谈或者组织集体访谈 / 座谈。你的访谈可以围绕以下问题展开：

- ➠ 介绍自己及本次访谈的目的：了解部门的现状，加深相互了解。

- ➠ 请员工介绍一下他 / 她自己的过往经历，特别是在公司的工作经历情况。

- ➠ 了解他 / 她目前主要的工作，以及有哪些地方需要支持。

⏵ 了解他 / 她对部门工作的意见和建议。

⏵ 了解他 / 她对你未来的期望和建议。

⏵ 了解他 / 她对自己的规划以及需要的支持。

　　一对一访谈是你搜集信息、掌握部门全貌、深入了解员工的好机会，也是经理的基本技能之一。你需要在访谈前做一些准备，比如对访谈对象的基本了解，准备好开场白，同时选择一个非办公室的相对安静的地方。在访谈的过程中，你需要做好记录，鼓励员工多说，并注意倾听。在访谈后，要对访谈对象表示感谢，同时表示有问题可随时找你沟通。

　　同时，一个成功的访谈，也能增加员工对你的信任，是你在团队中树立威信和形象的好机会。

　　在资料调阅和现场访谈后，你需要对信息做好整理和分析，最终形成两个比较关键的输出，一个是对部门的业务现状的判断，一个是对部门人员状况的判断。

　　对部门业务现状的判断，你可以运用 Michael Watkins 教授提出的 STARS 模型（图 4-5）。一般的业务，最开始的时候我们把它叫作创业期，如果公司已经成立，你开辟一个新的领域或者到一个新的地区，都属于在创业期。在创业期时，其实公司在这个业务环境中你的挑战和机遇是不一样的。

　　创业期成功以后就会走到持续成功期，因此你要分析一下你的业务是处于哪个阶段。在持续成功的这个阶段，它有可能还能持续成功，也有可能会走向失败，也就是说可能会出现问题，这个时候就到了另外一个时期，我们把它叫作重组期；或者你要防患于未然，也就是说看起来表面很好，但是当你上任了解了很多情况以后，发现已经有很多问题了，这种情况也属于这个时期。这个时候你会做一些措施，进行一些变革，然后它又变成了持续成功。

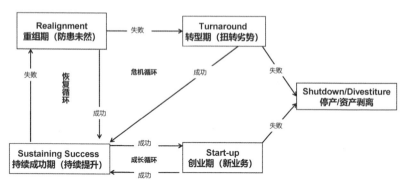

图 4-5　业务现状的 STARS 模型

但是如果它要是没有办法持续成功的话，就会走向失败。这个时候如果是走向问题非常明显的时候，我们把这个时期定义为Turnaround，要做的是扭亏为盈，这个时期叫转型期。如果你转型成功的话，那么又会持续成功；如果你转型不成功的话，那么你就麻烦了，你失败了，要么停产要么资产剥离。

因此业务都在 STARS 的四个阶段转变，作为经理在这四个阶段中你的角色不一样，面临的机遇和挑战也不同，必须采取不同的策略应对。（表 4-17）

表 4-1　STARS 四个阶段应对策略

类型	角色	挑战	机遇
新业务 Start-up 创业期	组建新的业务部门或启动新的项目	• 建立架构和体系 • 组建有凝聚力的、高绩效的团队 • 设法应对有限的资源	• 在一开始就正确地做事 • 存在各种可能性 • 没有固有的僵化

类型	角色	挑战	机遇
扭转劣势 Turnaround 转型期	你负责将陷入困境的团队拉回正轨	• 激励士气低落的团队 • 在紧迫的时间内产生快速、决定性的影响 • 机构精减及人员优化	• 认识到变革的必要性 • 可能得到大量的外部支持 • 小的成功会产生深远影响
防患未然 Realignment 重组期	你负责使曾经成功现在却面临严峻挑战的组织重获新生	• 根深蒂固的文化氛围 • 让员工认识到改变的必要性 • 重组高层团队，并调整组织目标，改变资源配置	• 组织有很多明显的优势 • 人们希望持续取得成功
持续成功 Sustaining Success 持续成功期	你负责掌管成功的部门或团队，维持并扩大其现有成果	• 避免导致问题的决策，以此来守住已有的成功 • 生活在令人尊敬的领导者和其创建的团队的阴影下 • 寻求途径使业务更上一层楼	• 已拥有一个强大的团队 • 人们被成功激励 • 拥有持续成功的基础

人员现状包括人员的整体数量、质量和结构情况，你可以请人事部门或者 HRBP（Human Resource Business Partner，人力资源业务合作伙伴）给你提供一份人力资源状况的分析报告，根据这份报告，你需要思考判断：

1.人员数量是否充足？是否需要增减人手？如果增加编制的话，则需要进一步了解是否符合公司政策。

2. 人员的结构（年龄、职级、性别等）是否合理？如果不合理需要如何调整？当然调结构是长期的事情。

3. 人员的能力状况是否能满足业务的需要？团队是否有共性的能力短板？

在此基础上，建议你先对现有人员做一个四象限分布排列，横坐标是员工的能力情况，你根据访谈的印象、过往的测评及绩效情况做一个判断；纵坐标是员工对你的态度，是支持/追随还是反对/观望，他们对你的态度你应该能从日常工作中判断出来。通过这两个维度可以把员工大致分为四类（图4-6）。

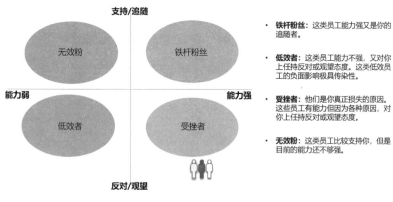

- **铁杆粉丝**：这类员工能力强又是你的追随者。

- **低效者**：这类员工能力不强，又对你上任持反对或观望态度。这类低效员工的负面影响极具传染性。

- **受挫者**：他们是你真正损失的原因。这些员工有能力但因为各种原因，对你上任持反对或观望态度。

- **无效粉**：这类员工比较支持你，但是目前的能力还不够强。

图4-6　人员能力/态度分布矩阵

当你把员工按照这个矩阵做一个分类之后，未来在人员管理上应该采取哪种策略就比较清楚了。

首先，处于第一象限的铁杆粉丝当然是越多越好，应该成为部门的中坚力量。一个团队如果有战斗力，能出业绩，就要有能为你冲锋陷阵不顾一切拿下"山头"的人。反之，如果没有这样的铁杆粉丝，当遇到"硬仗"的时候你就是无依无靠的。这是你最需要稳固的基本盘。

其次，需要重点关注处于第四象限的受挫者。这些人可能因为没有被提拔而愤愤不平，也可能是因为没有受到重用而郁郁不得志，也可能组织给予的支持力度不够，处于观望状态，但是他们的基本面是好的，只要能转变他们的态度，就能成为你的铁杆粉丝。因此，你要利用上任100天的时间征服他们，"收买"他们的人心，当然不是靠经济利益收买，而是通过"必赢之仗"、用你的为人处世赢得他们的支持和信任。

最后，对于要及时清除低效者。这些人能力不行，态度不佳，极具传染性，很容易给团队造成负面影响。他们是你新官上任三把火要"烧"的目标。对于无效粉则需注意加强其能力的辅导和培养，帮助他们成长，早日成为铁杆粉丝。

因为涉及人的事情总是很敏感，所以这个矩阵图应该只存在于你的心里，并且进行动态调整，切记不能公开。

4.2.2 第二步：目标设定

在前面你已经搞清楚了整个公司的战略方向、你需要承担的KPI，以及你在上任100天里的"必赢之仗"（MWB），也对部门的现状做了调研和分析。接下来，你该大展拳脚、排兵布阵，组织资源开始"打仗"了。

在排兵布阵的时候，你首先需要想清楚部门内部如何进行分工合作。在内部分工的时候，主要有两种模式可供考虑。

第一种是按照工作对象或者客户划分，可能完成这个工作或者服务一个客户有 N 个步骤，都闭环在一个岗位完成。第二种是按照流程切分，把完成这个工作或者服务一个客户有 N 个步骤切分成几个岗位合作来完成（图4-7）。

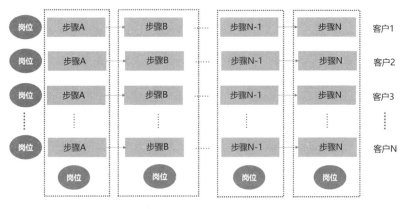

图 4-7　两种任务分工模式

我们以 4S 店的销售为例，要完成对客户的销售，完整的流程需要客户邀约、客户接待、试乘试驾、客户谈判、金融保险、收银、车辆检查、上牌、交车、客户档案整理等步骤。如果你是销售经理，你可以让每一个销售顾问负责一个完整的流程；你可以设置销售助理负责邀约、上牌、客户档案整理，设置金融保险专员负责金融保险相关的事务，试乘试驾专人负责，让销售顾问专门做客户接待和谈判，促成成交。

我们一起来思考一下这两种模式的区别以及他们各有什么优缺点。按照工作对象或客户划分，好处是客户方便，接触同一个销售顾问，不需要找不同的人，同时职责明确，内部合作少，需要协调的工作量少。按照流程切分的好处是可以专业化，同一个岗位处理的事情相对单一，能做得更加专业；通过流程的并行，可以提高交付速度；岗位之间可以相互检查监督，提高工作 / 服务质量。

虽然这两种模式广泛存在，但是现代企业里专业化分工合作是主流。一些复杂的工作，很难想象由一个人来完成。开汽车可以只有一个司机，但是开飞机同时必须要有两个驾驶员。

同时，你要记住，我们给一个员工的薪资是由他／她最具价值的工作决定的。比如销售顾问，最有价值的工作是客户接待与成交，类似客户档案整理、上牌、交车都是不增值的工作。如果一个销售顾问大部分时间都不是在做增值的工作，那么就是巨大的人工成本的浪费。比如一个财务经理，最具价值的工作是财务分析、内部控制、辅助决策等，但是我们看到很多中小企业的财务经理还在审核报销单据，这就是人力成本的浪费。只要建立好标准与流程，这些单据审核的工作完全可以交给实习生做或者外包。

当然，分工不是万能的，流程也不能无限切分，否则也会造成不经济。就像一个月可以建一栋楼，你无论怎么分工，投入多少资源，也很难在一天建一栋楼。你需要在这两种模式之间找到效率最大的平衡点。但总体而言，大多数部门的内部分工上有很大的优化空间。

思考、优化部门的分工之后，你要考虑整个部门的人员规划。为了承担你的部门目标，需要多少人，这些人的能力结构怎么分布才合理。

在思考人员规划的时候，你最大的出发点是人力资源投入产出价值最大化。你可以秉承以下的思考框架（图4-8）。

人力规划的目标：人力资源投入产出价值最大化

公司人力规划

依据
战略导向：从公司战略出发，在相应的战略方向和战略重点倾斜资源投入
业务发展：从公司业务发展出发，保证人力资源投入的适度提前、充分满足业务需求
成本预算：从人工成本的角度，合理配置员工总数
内外部分析：盘点公司内部人力资源，分析外部市场供给情况

目的：反映了公司整体人力资源投入产出的成效
负责人：HR

目的：反映具体部门业务的人力资源投入产出成效
负责人：部门经理

依据
部门现状：对部门人力现状进行分析，分析各层级员工情况
业务目标：从部门业务发展目标出发，动态、灵活地配置部门人力
成本预算：从人工成本的角度，合理配置本部门人员数量

部门人力规划

图 4-8　部门人力规划的思考框架

我们通过一个案例来实际看看具体应该怎么做。

案 例

　　某公司营销部门现在有 10 位员工，分别是 3 位 G8 高级销售经理，具有 5 年以上工作经验；5 位 G7 销售经理，有 3 年以上工作经验；2 位 G6 的销售代表，刚刚参加工作。

　　高级销售经理每月可以承担 200 万元的业务，销售经理每月可以承担 100 万元的业务，而销售代表刚刚参加工作，不能承担实际的工作业务，只能做一些辅助工作，但是经过 1 年的学习培养后每月可以承担 50 万元的业务。

　　高级销售经理的薪酬是 30000 元 / 月，销售经理的薪酬是 10000 元 / 月，销售代表的薪酬是 5000 元 / 月。

　　2024 年整个经济环境发生改变，公司要求营销部门开始拓

展新的区域，业绩目标是每个月 1500 万元。2024 年部门预算人工成本总额（仅考虑薪酬成本，其他忽略）是 20 万元 / 月。

公司的人力资源战略是"选拔高素质的人才，优化员工队伍"。

假设你是该营销部门经理，请思考以下几个问题：

1. 部门 2024 年初的员工现状是怎样的？画出人员分布图。

2. 根据部门业务发展、成本预算，如何进行 2024 年的部门人员规划？人均效率和人工成本是多少？

3. 如果 2025 年的部门预算为 23 万元 / 月，业务目标为 1600 万元 / 月，如何进行 2025 年的部门人员规划？

 案例

案例分析：

部门现状：G8 高级销售经理：3 人；G7 销售经理：5 人；G6 销售代表：2 人。

因为部门业务目标是 1500 万元，目前人员可以完成 3 人 × 200 万元 +5 人 ×100 万元 =1100 万元，距离业务目标差 400 万元。

部门成本预算是 20 万元，目前成本费用是 3 人 ×30000 元 + 5 人 ×10000 元 +2 人 ×5000 元 =15 万元，还有 50000 元成本可用。

所以，需要补充人员才能满足业务目标，招聘人员的成本不能超过 50000 元。

综合考虑，可以有三个招聘方案。

方案 1：招聘 G8 2 人，花费成本 60000 元，但是超过成本预算；

方案2：招聘 G8 1 人和 G7 2 人花费成本 50000 元，可以完成目标，正好满足成本预算；

方案3：招聘 G7 4 人花费成本 40000 元，可以完成目标，成本余 10000 元。

根据以上分析，可以有两个选择方案：

方案2：招聘 G8 1 人和 G7 2 人，那么，人工成本 =20 万元 ÷1500 万元 ×100%=1.3%，人均效率 =1500 万元 ÷13 人 =117 万元。

方案3：招聘 G7 4 人，那么，人工成本 =19 万元 ÷1500 万元 ×100%=1.2%，人均效率 =1500 万元 ÷14 人 =107 万元。

选择哪种方案呢？

根据公司人力资源战略，即选拔高素质的人才，优化员工队伍，应该选择高级的人员，同时，从人均效率的角度也是选择招聘 G8 1 人和 G7 2 人更为合适。

因为，已有的 2 名 G6 销售代表一年后可以承担 2 人 ×50 万元 =100 万元任务。

招聘 G8 1 人 G7 2 人后可以完成的目标是：4 人 ×200 万元 +7 人 ×100 万元 +2 人 ×50 万元 =1600 万元，满足业务目标。

成本现状：4 人 ×30000 元 +7 人 ×10000 元 +2 人 ×5000 元 =20 万元，满足成本预算。

此方案也可以完成 2025 年 1600 万元的业务目标，2025 年不需要招聘新员工。

排兵布阵之后，作为团队的 leader 你需要帮助每一位下属设定他个人的绩效目标，这一点很重要。目标是你的指挥棒，目标的设定决定了员工努力的方向。目标也是你做人员管理时的抓手，你要通过目标和实际完成情况的对比，发现和激励人才。同时，通过把自己的目标分解到员工身上，员工的目标也是帮助你实现个人目标的工具，你必须通过下属完成目标来实现自我价值。

你可能有这样的体会，当你佩戴一个智能手环或者一块智能手表，设定好每天的步数目标是 8000 步，然后你每天不自觉地就会去看看你走了多少步，距离 8000 步还有多少。当你发现还有差距的时候，你总会想方设法多走几步，看到一个 8000 步实现后的圆环感到特别的满足。这就是目标的意义和价值。

在帮助员工设定目标的时候，不用把问题搞得太复杂。建议你参照 IBM 公司 PBC 的思想和模板（图 4-9）就可以了。PBC 的含义是 Personal Business Commitment，可以翻译成个人业绩承诺，体现的是一种承诺的思想，是下级对上级的承诺，对组织的一种承诺。

PBC 包含三个目标，分别是 Business Goals（业务目标）、People Management Goals（人员管理目标）和 Development Goals（发展目标），其中 People Management Goals 只有承担人员管理责任的经理人员才需要具备的，但其他两个目标是所有经理都必须具备的。

业务目标来源有三个。首先，来源于直接上级目标的承接和分解，因此你需要把你的业务目标发给员工参考（部门的战略地图、平衡计分卡以及"必赢之仗"，或者你自己的 PBC）；其次，个人目标需要结合个人优势／发展，发挥个人最大潜能；最后，个人目标必须与岗位具体工作内容和岗位层级匹配。比如在 IBM

Business Goals What are your business goals for this assessment period? Make sure your goals align with IBM's strategy and values, your business unit goals and your department goals.

业务目标： 你的业务目标是什么？确保你的目标符合IBM的策略与价值观，以及所在部门的目标。

> ✓IBM策略——你将做什么来支持IBM的随需应变电子商务市场策略？
> ✓业务部门目标——你将做什么来支持所在业务部门的目标？
> ✓IBM的价值观——你将做什么来展现IBM价值观？

People Management Goals (for those with people management responsibilities): what are your two to four goals for how you will lead people effectively and create a climate where employees excel?

人员管理目标 (对于承担人员管理责任者)：设立两到四个目标，反映你将怎样有效地领导员工，并创造一个让人才脱颖而出的管理氛围。

> ✓通过有效的人员领导产生高绩效。
> ✓提供学习机会，帮助你成为成功的经理。

Development Goals What are your one or two development goals that will enhance your ability to meet your business goals and / or people management goals this assessment period? Your development goals should be supported by your Individual Development Plan (IDP) or other development process available to you.

发展目标： 设立一两个发展目标，增强你实现业务目标和/或人员管理目标的能力。你的发展目标应该被你的个人发展计划（IDP）或其他发展流程所支持。

> 根据能力模型设定1—2个本年度最关键的发展目标。

图 4-9　IBM PBC 模板

你是咨询经理级（Band8）的顾问，你需要承担项目经理的角色，那么你的业务目标中就需要有项目管理的相关内容。

发展目标来源于员工对自己未来发展的规划，结合本岗位的能力模型及自己的能力现状，确定 1—2 个最想提高的能力目标。发展目标是为了支撑业务目标实现的，也就是说我承诺完成这些业务目标，但是我个人的能力还有短板，需要做哪些提升才能帮助我更好地完成业务目标。

员工绩效目标设定的流程是员工根据你的目标自己先填写，然后由你跟员工一起讨论、修改和确认，最后达成共识，这样充分体现了上下承诺的思想。因此，你与每一个下属讨论目标是至关重要的。

在目标制定的过程中，需要注意以下几点：

1. 避免以承担 KPI 指标的形式代替工作目标的设定。我们看到很多公司是 KPI 代替了目标设定，大家都被 KPI 压得透不过气，却不知道工作的目标是什么。

举个简单的例子，我们的目标是保持健康，那什么样是健康呢，我们用血压、血糖、血脂等指标去衡量，我们要为自己设定每天步数 8000 的目标。如果在绩效目标中只有指标没有目标，其结果将是目标淹没在指标中，舍本逐末。

目标 = 对于业务的描述 + 相应的 KPI

相应的 KPI 分解为：具体举措 + 相应的 KPI（即次 KPI）。

表 4-2

	公司总经理	大客部经理	大客户经理
目标	• 业务转型取得阶段性成果 • KPI • 其他	• 转型业务在优质客户群体率先实现突破 • KPI • 其他	• 树立一个转型业务的标杆客户，形成对相关行业客户的示范作用 • KPI • 其他
KPI	• 业务收入增长 10 % 的基础上，非话音业务比重超过45% • 其他	• 在业务收入增长15 % 的基础上，实现系统集成业务占比突破30% • 其他	• 在业务收入增长15 % 的基础上，完成金额超过100万的系统集成项目，并获得85分以上的满意度 • 其他

上面的例子可以看到，下级对上级的目标是如何承接的，如

何用 KPI 指标去衡量设定的目标的。

2. 避免追求绝对的量化指标。我们看到有些企业里面在做绩效目标设定的时候有量化的执念，认为如果目标不能量化就无法衡量，就不能管理。但是，我们必须意识到有些事情量化的成本很高，数据收集很难。如果我们能用语言描述清楚时间节点和质量要求也是可以接受的。

3. 谨慎设置权重和计分方式以量化得分。我们看到原版的 IBM 使用的 PBC 里没有指标的权重设计，也没有每项指标如何计算分数。但是有些企业借鉴过来，无论这套体系的名称叫 KPI、OKR 还是 PBC，基本逻辑就是年初制定好各个岗位的 KPI，设定好目标值和权重，考核的时候根据完成情况计算每个指标的得分和总分，然后总分跟员工的绩效奖金挂钩。

应该说这一套逻辑没有问题，然而有个假设前提就是目标完成得好就是优，目标完成得不好就是劣，而这个前提是值得商榷的。比如有 A、B 两个销售经理，今年都完成了 2000 万元的销售额，但是 A 去年完成了 1500 万元，B 去年完成了 2500 万元，今年他们谁优谁劣？如果 A 是在新拓展的区域（战略性新兴市场），B 做的是老市场呢？

并且，指标难就难在目标值的设定上，这是永远无法解决的难题。当目标值无法精准设定，整个量化计分体系的有效性就大打折扣了。

所以，我们在讲目标设定的时候，强调的是目标对员工工作的引导作用，不用把精力过分地放在量化的分数计算上。至于员工的绩效结果如何确定，在后面我们会进一步探讨，这里先将注意力放在目标的制定上。

最后需要提醒的是，员工的目标是经过你与他／她讨论达成共识后确定的，因此在这个过程中与员工的充分沟通至关重要。

4.2.3 第三步：过程辅导

当确定好员工的目标之后，千万不要以为他们会自动自发地完成工作，你只需等到时间成熟"摘桃子"就可以了。如果是这样的话，那管理就太简单了，也不会有 40% 的新任经理遭遇滑铁卢。

目标确定只是"万里长征"的第一步，要想让员工出绩效，你必须做好过程管理。过程管理的重点是对员工的辅导。

对员工辅导的前提是你对她／他的工作有充分的了解，因此你需要建立固定的计划管理、会议汇报的机制，搞清楚目前员工的目标完成情况，遇到哪些问题，出现了哪些偏差（也可能是正偏差，超出预期），当偏差发生的时候或者影响目标达成的问题出现的时候，你就要介入进行过程辅导。

辅导的目的包括以下几个方面：

- 不断地同员工进行沟通，保证员工明确组织的目标和方向，特别当组织的战略和目标发生变化时；
- 对绩效情况不断地进行监控，以保证达到工作标准，并在这个过程中不断地提供反馈意见并在必要时提供指导；
- 在辅导的过程中，通过员工的积极参与，保证他们对自己的绩效承担责任；
- 通过反馈对员工的高绩效进行激励。

在辅导的过程中，作为经理，你需要：

▸ 坦诚率直

▸ 客观地讨论具体行为

▸ 关注工作问题而不是个人问题

▸ 维护员工的自尊

▸ 提供方法和建议

在辅导的过程中，GROW 模型（图 4-10）能够帮助你提高沟通的效果。

GROW 模型指导是我们按照一定的顺序，遵循一定的原则来进行辅导，你学习之后加以练习一定能取得良好的效果。

其中，**G-Goal** 表示目标，在你与下属辅导沟通之前想好通过本次辅导达到什么目的，想谈些什么事，希望谈成什么样的结果。这是其中的一层含义。

另外，辅导还要聚焦在员工的绩效目标上，回顾一下目标完成的状况，然后重点讨论目标是否是积极的、有挑战性而且可达成的，我们何时能达到目标，我们对目标的控制力度有多大，有哪些重要的里程碑。

还可以讨论我们是否需要确定新目标，如何衡量。

R-Reality 表示现实，聚焦在现状，了解现状的真实状况。你与下属的讨论聚焦在以下几个话题：

▸ 现在的情况怎样？发生了什么？

▸ 为解决问题，你采取了哪些措施？结果又怎样？

▸ 请举出例子来证明你的判断、想法。

▸ 还有谁也涉及这些问题？

建立目标

- 今天主要想谈些什么事？
- 你希望谈成什么样的结果？
- 我们应该如何确定目标？你怎么看成目标是积极、有挑战性而目可达成的吗？你会如何达到？
- 你想何时达到？
- 你对目标的个人控制力有多大？
- 有什么样的里程碑？

目标（Goal）

达成意见

- 接下来你打算怎么办？
- 在这些方法中，你倾向于哪一种？
- 什么时候开始？什么时候做完？
- 除以你以外，还需要和谁的帮助？
- 你觉得可能会有什么样的困难和阻力？你打算如何面对？
- 我们之间需要如何沟通跟进？

意愿（Will）

了解现状

- 现在情况怎样？发生了什么？
- 为解决问题，你采取了哪些措施？结果又怎样？
- 请举出例子来证明你的判断、想法。
- 还有谁也涉及到了？
- 你如何评价现状？假如需要打分的话，你现在会给出多少分？

现实（Reality）

讨论方案

- 我们该怎么解决这个问题？
- 有什么选择吗？更多的选择是哪些？
- 你会怎么做？
- 我提个建议好吗？
- 我们前见过别人在这种情况下……，你觉得对你有启发吗？
- 还有谁能帮忙？

选择方案（Options）

图4-10 GROW模型

▸▸ 你如何评价现状？假如需要打分的话，你现在会给出多少分？

在这个过程中，你要鼓励员工多说话，说出他们真实的想法，而你最重要的是倾听，不要做过多的评论。

O-Options 表示选择方案，基于对现状的了解，你与下属讨论可能的解决方案来帮助他们解决问题。要多问：

▸▸ 我们该怎么解决这个问题？

▸▸ 有什么选择吗？更多的选择是哪些？

▸▸ 你觉得别人会怎么做？

▸▸ 我提个建议好吗？

▸▸ 我以前见过别人在这种情况下……，你觉得对你有启发吗？

▸▸ 还有谁能帮忙？

同样，在这个阶段，你最好运用自己的经验，启发下属思考，找到解决问题的办法，而不是替他们做决定。要体现对他们的尊重，而不是颐指气使。

W-Will 表示意愿，是指最后双方达成共识。经过这次的辅导沟通，我们最终确定用什么样的行动计划，如何跟进这些计划。

▸▸ 接下来你打算怎么办？

▸▸ 在这些方法中，你倾向于哪一种？

▸▸ 什么时候开始？什么时候做完？

▸▸ 除你以外，还需要谁的帮助？

▸▸ 你觉得可能会有什么样的困难和阻力？你打算如何面对？

▸▸ 我们之间需要如何沟通跟进？

在这个阶段，重点是行动，经过讨论我们确定了方案，回去以后你有哪些计划，可能遇到哪些困难和阻力，有哪些方面需要资源支持。同时，要让员工感受到你对他们的帮助和支持，你是与他们在一起战斗。

对员工的辅导最好采取一对一会议的方式进行，一对一会议比较正式，有助于排除干扰，倾听员工的需求，有针对性地反馈和辅导。你在辅导前、中、后可以参照下面的提示进行。如果刻意练习，经常使用，一定会受益良多。

辅导前，作为经理，你需要提前思考和准备一些事情：

- 选择一个"正式"的时间和地点开展对话。
- 提前阅读下属发给你的话题，理解下属期待得到什么，包括指导、建议或决定。
- 建议或决定思考你自己期待从这次辅导中得到什么，你希望对方带走什么，回去后马上采取什么行动。
- 思考可以问怎样的问题启发对方。
- 就对方近期的绩效表现，思考如何给予有效反馈，帮助其解决问题，提升绩效和个人成长。

辅导过程中，作为经理，你需要：

- 寒暄：相互问候此刻的状态，能量、感受等。
- 双方协议：相互分享对今天辅导的期待（话题／需求）。
- 达成一致：管理和分配时间。
- 聆听与同理：带着好奇心，用心聆听不打断，同理下属的挑战。

- 提问：用提问的方式启发下属，并给予反馈和支持。
- 留 2 分钟：在结束前，审视下目标是否达成，有什么话题没有完成的以及后续计划。
- 寻求并提供观察或反馈给彼此（如需要）。

辅导之后，事情还没有闭环，你需要：
- 阅读会议纪要，给予回应、认可和鼓励。
- 按约定提供支持与资源，帮助下属应对挑战，并有个人发展。

在辅导的过程中，你要通过多提问题和倾听鼓励员工表达真实的想法，以获取更多的信息。会提问是一个经理非常重要的技能之一，也是一门教练技术。澳大利亚学者迈克尔·邦吉·斯坦尼尔在《所谓会带人就是会提问》一书中总结了七个经典问题（图 4-11），供你学习参考。

你最近遇到什么问题吗？（开场问题）

还有什么呢？（魔法问题）

你面临的真正挑战是什么？（焦点问题）

你想要什么？（基础问题）

我可以如何帮助你？（懒惰问题）

如果你对这件事说了好，那么你对什么说了不？（战略问题）

对你而言，什么最实用？（学习问题）

图 4-11　七个经典问题

在对员工辅导的过程中，还要重视知识管理的力量。所谓知识管理是在组织中构建一个量化与质化的知识系统，让组织中的资讯与知识，通过获得、创造、分享、整合、记录、存取、更新、创新等过程，不断回馈到知识系统内，形成永不间断的累积个人与组织的知识成为组织智慧的循环，在企业组织中成为管理与应用的智慧资本，有助于企业做出正确的决策，以适应市场的变迁。

简单来说，就是把部门内部某些绩优员工的好的做法沉淀、固化、推广到整个部门，以提高部门的整体绩效。比如你管理一个销售部门，部门里有个员工每个月都能拿销冠，我们就可以观察他/她在销售和客户管理上有哪些好的做法、方法，将其总结出来，固化到流程上，让其他员工去学习，这样让大家的业绩都有所提升，从而推动整个部门的绩效提升。如果其他员工都能达到绩优员工80%的水平，那么整个部门就非常好了。

这里给大家介绍知识管理中一种叫作最佳实践萃取的方法。从管理学角度理解，最佳实践是指某种技术、方法、过程、活动或机制，可以使生产或管理实践的结果达到最优。最佳实践就是把专家做某件事情的流程、方法和技巧总结出来，变成一个可以照着操作的模板和工具，以提高绩效。它比一个SOP(标准操作流程说明书)更有价值的是，还会围绕每个步骤里的难点做深度讲解，尤其是一些隐性的决策思路。

最佳实践萃取是知识管理中常用的一种方法技能，是将隐性经验显性化的有效途径，是组织内部共享知识成果的工具。

萃取最佳实践的步骤：

1.明确要解决的业务问题，同萃取实践建立联系

在前面我们战略解码形成"必赢之仗"的时候，确定了你新

任经理 100 天的目标和必须打赢的"仗"，在阐述"必赢之仗"的时候，我们分析了阻碍因素。在达成目标的过程中，最大的问题和挑战是什么？出现这些问题和挑战的原因是什么？哪些对达成目标不利的因素？例如内部的、外部的、表面的、底层的、业务的、资源的、人才的等方面？我们也对部门的现状进行了摸底和分析，这个时候，对于这些障碍和问题，你打算如何解决？为什么你会优先选择这种解决方法？

举个例子，比如你们公司是为企业用户提供服务器托管等的基础服务的，现在公司提出服务转型的战略目标，即公司把过往围绕产品做研发、做管理的经营战略，逐步转变为围绕用户来进行运营的战略。通过战略解码和现状分析发现，现在迫在眉睫的事情是工程师们为客户提供服务的技巧非常弱，客户的体验不好。那么，如何提高工程师的客户服务能力就是你的业务目标，你要从绩优员工的最佳实践中找到办法，推广给其他同事。

2. 规划萃取的任务场景，描绘场景地图

围绕要解决的问题，找到发生这些问题的场景有哪些，把这些场景通过不同的维度归纳整理枚举出来，这就是描绘场景地图的过程。

我们继续上面的案例，工程师客户服务的场景分成两大类，一类是为客户提供日常服务，比如电话服务、邮件服务、为客户介绍产品等。另一类是处理客户抱怨投诉的服务，比如服务时间过长的抱怨、收费服务的抱怨等。这些都是具体的业务场景。

3. 从场景出发，进行经验的深度挖掘

有了具体的场景之后，你需要做的就是找到这个场景下最有经验、表现最好的员工，通过观察、访谈，挖掘他 / 她处理类似问题的方法，然后组织大家一起研讨，完成对一个场景的经验萃取。

这个过程你可以请 HR 或相关的部门帮忙，这里需要大量的搜集、整理和分析基础材料的工作，同时，也可以参考其他企业、行业的做法。比如客户投诉的处理，很多行业都有成熟的经验，把我们企业内部的最佳实践结合起来就更好了。

4.挖掘经验的底层技术

挖掘最佳实践并做了萃取之后，更高的要求是搞清楚它的底层逻辑（按照最佳实践去做，为什么能取得好的效果？道理是什么？），并把它们结构化地呈现出来。你可以参照下面的框架（图 4-12）来思考和表达。

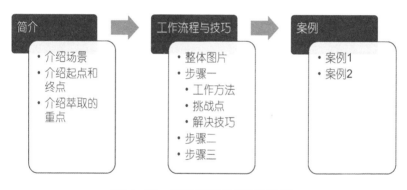

图 4-12　经验萃取的框架和步骤

5.将萃取出来的经验转化为可执行的产出（指导手册、培训课程、优秀案例、工具等）

最后，我们做最佳实践萃取的目的是将绩优员工的经验转化为整个部门的行动指南从而提升绩效，因此把最佳实践转化为可执行的产出是非常必要的。这些产出可以说是指导手册，每个人对照手册执行；也可以是培训课程，组织全员进行培训学习；也可以是优秀案例，供大家在工作中参考；也可以形成部门独有的工具，在日常工作中使用。

成功的经理人都很重视对知识的萃取，以此形成自己的独门绝技。在 2023 年 9 月出版的《埃隆·马斯克传》一书中提到马斯克根据特斯拉"量产地狱"期间的亲身经历总结出来的**五步工作法**，用来指导他的团队在各个项目中进行创新和优化，我将这种工作法编入本书供大家学习参考。

五步工作法第一步：质疑每项要求

提出任何一项要求时，都应该附上提出这一要求的人。永远不要接受一项来自某个部门的要求，比如来自"法务部门"或者"安全部门"的要求。你必须知道提出这项要求的人的名字。

接下来你应该质疑他，不管这个人有多聪明。聪明人（专家）提出的要求才是最危险的，因为人们不太可能质疑他们。你可能会被对方的专业性所麻痹。任何人的专业性都来自他已经完成的事情，这种专业性只能说明他过去是对的，无法保障对未知事物的准确预测。

马斯克说："质疑这件事要一直做下去，即便这项要求来自我马斯克本人。质疑后，大家就要改进要求，让它变得不那么愚蠢。"

五步工作法第二步：精简部件或减少流程

对于一个组织来说，如果没有觉得流程不够用，就说明流程已经太多了。

组织中存在流程是一件好事，但是如果所有的事情都有流程，那么组织中的个体就失去了创新和探索的能力，因此流程用于那些已经验证过的问题，无法应对未知的场景。

努力删除所有你能删除的部件和流程，虽然你可能还得把它们加回来。事实上，你如果最后加回来的部分还不到删除部分的10%（即多删后再添加），那就说明你删减得还不够。因为我们有（添加这些部件或步骤，以备不时之需）的偏见。

此外，每个部件和过程必须来自一个责任人，而不是一个部门。因为你不能询问一个部门为什么有这样的需求，但是一个人可以。

马斯克举例：

　　"装配线上有个工位的节奏跟不上，这个工位是一个负责把玻璃纤维条粘在电池包上的机器人，机器人底盘一直拿不住玻璃纤维条，而且胶水涂得太多。"

　　在尝试调整多次都失败后，马斯克忍不住问了一个根本问题：这些玻璃纤维条到底是干啥用的？他想不明白。

　　工程团队说："是降噪团队要求的，减少振动。"然后马斯克打电话给降噪团队，降噪团队说："是工程团队规定的，目的是减少电池起火带来的风险。"

　　于是马斯克命令团队对比有无玻璃纤维条的情况，记录声音，他问团队："你们能听出区别吗？"结果是真听不出来任何区别。因此这个粘贴玻璃纤维条的工序就被取消了。

马斯克还讲了一个例子：

 案例

　　Model 3 的车身生产线曾经一度被卡住了，原因出在一个激光焊接单元。特斯拉要在前排座椅的乘客脚部空间焊接一个小的横梁，马斯克看着这个横梁，想这到底是干什么用的，导致整个工厂都停了下来。

　　生产团队解释说是为了碰撞安全，马斯克问碰撞安全团队是为碰撞安全装的吗？

　　安全团队说这没有什么用，应该把它去掉，是他们忘记告诉生产团队了。结果是为了没什么用的横梁影响了整个生产线。

五步工作法第三步：简化和优化

　　注意，简化和优化一定要放在第二步之后，因为人们常犯的错误就是简化和优化一个原本不应该存在的部件或者流程。

　　简化和优化的前提是目标的正确性（第一步）和鼓励创新的组织文化。否则要么方向错误，要么找不到简化和优化的余地。"这个事情没有办法，流程就是这样"，这样的说法大家一定都听到过，其实这就是组织缺少创新激励文化的体现。

五步工作法第四步：在前三步基础上加速

　　做标准化运作，提升效率，这时候要用跑起来的姿势，确切地说是要用"飞"的速度发展。

　　每个流程都可以加快，但只有遵循了前三个步骤之后才能这么做。

　　在特斯拉工厂，马斯克说他错误地把很多精力花在加快生产流程上，后来才意识到有些流程原本就应该被去掉。

五步工作法第五步：在前四步基础上实施自动化

在内华达工厂和弗里蒙特工厂犯下的一个大错就是，马斯克一开始试图将每个步骤进行自动化改造。我们本应该先质疑所有要求，删除不必要的部分和流程，把问题筛出来、处理掉，然后再推进自动化。

马斯克首先意识到是自己的错："我意识到当初犯下的第一个错误，就是要把这个生产过程自动化，这个事情来自我，是我力主推动了大量的生产环节自动化。"

他有一个愿景，打造一种现代化的"外星人无畏舰"工厂，第一步就是要尽可能自动化地完成每一项工作。

特斯拉工厂拥有自动化程度极高的生产线，使用了大量机器人，"但有一个问题——它不好使。"联合创始人施特劳贝尔说。

某天晚上，核心团队的成员们在内华达电池工厂里，发现一个工位上的生产进度耽搁了。机械臂在抓取材料和对准过程中出现了问题。

团队中两个人走到桌前，试着手动完成这个过程。结果发现手动的可靠性更强。他们把马斯克叫来。

经过一番计算，用几个工人替代了机器人，装配线的生产速度随之提高。

这是马斯克恍然大悟的时刻，他摇身一变，一个自动化信徒，开始睁大眼睛找各种自动化障碍。

"我们开始把一台台机器人从生产线上拆下来，扔到停车场。"

　　"我们在厂房侧面开了个洞，就是为了拆掉所有这些设备。"马斯克说。

　　从此，"去自动化"成为马斯克"量产方法论"的一部分：务必等到设计过程的其他部分都完成后，在你质疑了所有需求、去掉所有不必要的部分后，再引入自动化设备。

　　马斯克强调说他自己曾经多次犯过五个步骤顺序搞反的错误，在制造特斯拉 Model 3 的过程中，马斯克曾先自动化、加速、简化，然后删除。

　　总之，在帮助员工实现目标的过程中，及时的过程辅导非常重要。作为新经理，你需要花点时间慢慢探索自己的方法。

4.2.4 第四步：激励

　　孔子说"己所不欲勿施于人"，这个观点对我们中国人影响很大。你可以想一想，你还没当经理的时候，哪些时候你的干劲最足？遇到什么样的领导你的干劲最足？反之，哪些时候你最没有干劲？遇到什么样的领导让你最受挫？

　　我想答案应该是一致的，遇到会激励的领导我们的干劲最足。如果我们的工作得不到认可，干好干坏一个样，我们肯定会心情受挫。

　　这一点也被专家的研究证实，美国哈佛大学专家发现，在缺乏激励的环境中，员工的潜力只发挥出 20%—30%；但在良好的激励环境中，同样的员工却能发挥其潜力的 80%—90%。因此，激励是激发员工能力并转变为高绩效行为和结果的必要条件。作为一个经理，我们必须学会激励员工，调动员工的积极性。

前面了解了马斯洛的需求层次理论、双因素理论都是我们做好激励工作的理论基础。简而言之，激励包括三个方面，激励行为、提供指导和坚持。成功激励的因素取决于以下三个方面：

▸ 激励所采取的方案本身是否在满足组织利益的前提下，满足员工的切身需要。激励的目的是获得员工的高绩效，为企业发展作出贡献，因此激励必须要实现企业和员工之间的双赢。

▸ 激励措施是否现实可行，并为员工所认可和接受。需求因人而异，激励措施必须能够解决员工真正关注的、对员工行为产生最重要影响的需求，才会产生真正的激励作用。

▸ 在实施激励的过程中，组织是否提供必要的资源支持。在激励员工过程中，需要综合运用包括物质和非物质在内的激励手段，必然需要组织提供相应资源支持，才能实现激励的目的。

在组织中，最直接的激励就是做好绩效评价，然后将员工的绩效结果与薪酬、晋升、发展、股票期权等结合起来。因此，在这里我们重点先探讨一下如何做好绩效评价。我曾在与企业家交流的时候，有以下一段对话：

案 例

　　我先问他："你们做绩效管理的目的是什么呢？"

　　"那还用问，肯定是帮助我把战略落地，所有的教科书都是这么说的嘛。"

　　"那为什么做绩效管理就能帮助企业战略落地呢？"

　　"你看，把公司的目标分解到每个人头上，然后谁完成得好就奖励，完成得不好就罚。通过奖优罚劣大家都努力工作，公司的战略就落地了。"

　　"逻辑完美！这里面重点是奖优罚劣，但是目标完成了就一定是优吗？目标没完成一定是劣吗？"

　　"应该是吧，也可能不一定……"

　　我们说要谨慎设置权重和计分方式以量化得分，因为通过这种方式计算出来的分数是绝对绩效，但是绝对绩效好并不代表绩效一定优，绝对绩效不好并不代表绩效一定差。

　　因此，你必须认识到我们说的绩效评价，这里的**绩效看的是员工之间的相对绩效**，而不是完全由目标完成情况确定的绝对绩效。所谓相对绩效，**就是把同一级别的员工，在一定时间内的绩效目标完成情况，以及过程中展现的行为（是否符合公司文化和价值观）来综合比较确定的。**

　　任何一个企图通过绝对量化根据分数直接得出绩效结果的行为，都或多或少是一种懒政。要么不懂绩效，要么是为了回避矛盾。

　　那么，到底应该如何评价员工的相对绩效呢？我们先看看IBM公司的实践，在IBM公司的PBC管理中，把员工的绩效结果

分成 5 个等级（PBC 1、2+、2、3、4）。这 5 个等级的定义（图 4-13）
如下：

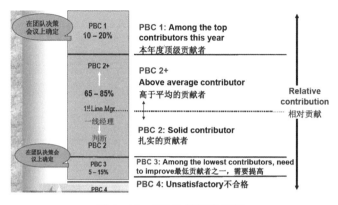

图 4-13　PBC 等级的定义

表 4-3　PBC 管理评估标准表

定级		评估标准
PBC 1	年度顶级贡献者	取得杰出的成果；业绩明显高于其他（同级别/工作性质）的人；执行 IBM 价值观的楷模
PBC 2+	高于平均的贡献者	工作范围和影响力超越其工作职责；绩效表现超过大多数同事
PBC 2	扎实的贡献者	始终如一地实现工作职责；具有适当的知识、技能、有效性和积极性水平
PBC 3	最低贡献者，需要提高	与他人相比：不能充分执行所有的工作职责，或者虽执行了职责但水平较低或成果较差；并且/或者不能证明具有一定水平的知识、技能、有效性和积极性
PBC 4	不合格	不能证明其具备所需的知识和技能，或不能利用所需的知识和技能；不能执行其工作职责

因此，员工的绩效结果应该由其直接上级（也就是你）根据绩效周期内绩效目标（KPI）完成情况及过程中展现的行为（是否符合公司文化和价值观），把同级别的员工放在一起相互比较确定的。

在很多外企（如 IBM）和国内很多大厂，HR 团队中并没有专人负责绩效管理，必须依赖员工的直线经理来完成，因为他们最了解员工的工作，每天能观察到员工的行为，这个角色没有人可以代替。

在这个过程中，你必须收集相关的数据以评估 KPI 指标的完成情况，也需要观察员工的行为。然后将团队中的成员进行比较，先把中间的 70% 左右（IBM PBC 中定义的 65%—85%）确定下来，然后再把特别优秀的和未达要求的不合格者确定下来（在有些公司，这些人需要提交你的上级，通过会议讨论最终确定）。

其实在评估的过程中，如果缺少数据和其他的信息支撑，完全需要你主观判断的时候，那么这里教你一个简单的方法，你在评估某个人的时候，问自己以下几个问题：

- ▶ **技术能力**：这个员工有有效做这份工作的技术能力和经验吗？

- ▶ **判断**：这个员工能够把精力和注意力放在工作上吗？或者面对团队的挑战会让他身心疲惫，想要逃跑吗？

- ▶ **精力和注意力**：员工是不是有足够的精力和注意力从事工作，面对团队时他／她是不是显得筋疲力尽或者逃避挑战。

- ▶ **诚信**：你能相信这个员工的话并据此来做决定吗？

- ▶ **工作关系**：这个员工能和团队的其他人相处好吗？能够支持集体决定吗？

如果这里的每个问题的回答都是不的话，那么应该考虑给他 /她 PBC 3 或者 PBC 4，请他们离开了。

作为一个新任经理，这个过程你必须慎重对待，但也无须有太多的压力，有几点注意事项供你在操作过程中参考：

（1）一定要坚持客观、公平、公正的原则。不能有任何的私心，大家的眼睛都盯着你，你必须公正行事，公正能帮助你建立威信。

（2）评估仅看当期的绩效，不考虑员工的潜质、特征、过往的绩效，需要具体的结果和行为事例。特别是评优秀和不合格的员工，一定要有数据和行为事例支撑你的结论。

（3）不要怕得罪人，有大锅饭、平均主义等的思想会导致员工工作绩效得不到有效的肯定，会打击高潜力、高绩效员工工作积极性。

（4）要熟悉公司的人力资源政策，按照规章制度办事、保持与HRBP 的沟通。比如公司的强制分布比例、绩效结果确定流程等。

绩效评价的产出是绩效结果，如果绩效结果没有得到应用，绩效评价也就失去了意义，如果绩效结果没有"后果"，就不会有员工重视。整个绩效管理必须通过结果应用来闭环，也需要通过结果应用来实现对员工的激励。绩效结果的应用一般体现在以下几个方面。

1. **收入激励**：直接决定奖金发放的额度、工资提升幅度。在收入激励的应用上，绩效结果是充分条件，也就是说只要绩效结果好，就一定会多发奖金，一定要加薪。

在很多绩效管理效果不佳的企业，把分配绩效奖金几乎当成了绩效管理唯一的目的。他们建立一个庞大的体系，投入很多资源和人力，甚至是指标记录、数据获取和奖金计算的信息系统，最后就是为了计算每个人发多少奖金。关键是最后的差别往往是几百元而已，这点差距对员工来说几乎无感，这些做法其实毫无意义，并且形成非常不好的文化，会让员工认为"我不想拿奖金是不是就可以不努力工作了""反正已经扣我工资了，我做得不好也是理所当然的"……

绩效管理结果的应用重点一定是放在那 20% 绩效 S 和 A 的优秀员工身上，对他们加薪、晋级、培养，让所有员工看到，只要绩效是 S 或 A 就能被认可，就能在公司有前途，员工才会重视绩效，才会想方设法完成公司下达的挑战性目标，才能逐步形成优秀的绩效文化氛围。

2. 职业发展激励：要让绩效好的员工走上职业发展的快车道。但是绩效好只是职业发展的必要条件，还要看员工是否具备能力模型要求的能力、是否有进一步提升的潜力。虽然在你新任经理的前 100 天，这些对你来说还很远，但是必须有这种意识，条件成熟的时候把绩效好的员工推上去。

3. 管理低绩效：低绩效者在团队里有负面的影响作用，作为团队的管理者，必须重视对他们的管理。管理低绩效者的要点是找准症结，区别对待。2018 年的时候，作为一个热点事件，大家都在讨论这个问题，于是就有了下面这张图（图 4-14）。

对于业绩不好，价值观也不符合团队要求的人，大家往往没有异议，会一致同意将其请出团队。对于一个新经理来说，你可以寻求人事部门的帮忙，按照公司的政策将其劝退或者转岗或者转入内部人才池待岗。

对于业绩不好但是态度很好、工作也很努力的"小白兔"大家颇有争议，有的人认为这些人忠心耿耿，可以想办法激活；有

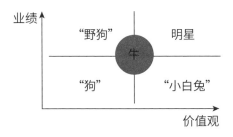

图 4-14 阿里"小白兔"

的人认为"小白兔"危害最大，占着"兔子窝"却没有产出。对于一个小团队来说，规模不大，如果有这样的人往往是致命的，因此你最好把这些"小白兔"赶出兔子窝。

4.绩效改进：在绩效管理过程中，除了应用在对员工的激励上，我建议你重视绩效改进的工作。你把在过程中发现的、导致业绩目标没有实现的问题找出来，带领团队共同去解决，这样才能在未来取得更好的成绩。这些问题可能是分工、流程、团队能力等，也可能是资源和支持力度不足，但是一定要逐一分析，定向解决。

绩效管理对员工的激励是硬手段，往往还会附带一些成本。还有一些激励可以采用不花钱的软手段，配合起来使用，会起到意想不到的效果。在这里，给你举几个例子供学习参考。

1.重视使命、愿景的激励作用

从大的方面来说使命是组织存在的原因，是组织的目的。可以回答"组织为什么而存在"。愿景是组织未来所创造的图画。可以回答"组织将成为什么"。一个得到认同的使命、愿景会激励员工为之努力和奋斗，让组织充满前进的力量。

几乎人人都知道，阿里的使命是"让天下没有难做的生意"。这句话在马云语录中，几乎是让人最熟悉的一句话了，让千万创业者心潮澎湃，纷纷投入电子商务的创业大潮。也激励着无数的阿里人为之努力奋斗，成就了阿里过去的辉煌。

1997年，吉利的董事长李书福怀着"中国不能没有汽车"的一腔雄心进入汽车领域。那时，外国品牌汽车借合资之势遍布中国的大街小巷，但价格高得离谱。于是，李书福提出"造老百姓买得起的好车"。2007年，随着消费者对汽车品质要求的提升，吉利立志战略转型，提出"造最安全、最环保、最节能的好车，让吉利走遍全世界"，而不是让全世界的汽车走遍全中国，确定企业的愿景是"让世界充满吉利"。这个愿景激励着许许多多有志于民族汽车工业的工程师加入吉利，把吉利打造成为中国汽车亮眼的名片。

使命愿景对于一个组织、一个公司很重要，对于一个团队同样重要。如果没有愿景的牵引、使命的激励，我们每天陷入具体的事务中，感受到的是身心的疲倦，因此才有所谓的"摸鱼""躺平"等职场心态。所以，无论你的团队多小，你都要思考你们的使命和愿景是什么，尝试把它描述出来，与团队共享以激励大家一起前进。

在制定愿景的时候，致力于打造一流的团队往往是最简单的做法。比如销售就要做公司最优秀的销售团队；产品就锚定开发行业做好的产品；财务就要做最受人尊敬的财务。在这个基础上，与团队一起把"最优秀""最好""最受人尊敬"的内涵定义出来，可以参照"是什么""不是什么"的方法描述。

2. 招聘优秀的人一起共事

诞生于硅谷的 Netflix（网飞）公司，成立 5 年便成功上市，成立 21 年时市值一举超越 92 岁的迪士尼，成为全球市值最高的媒体公司。Netflix 内部曾流传出一份被疯传的企业文化 PPT。Facebook 首席运营官桑德伯格甚至说："这是硅谷最重要的文件。"这份 PPT 里面提到这样一个故事：

 案例

　　回溯到 2001 年，互联网泡沫破灭打乱了公司的 IPO 计划，我们还裁掉了 1/3 的员工。但圣诞节时转机来了，DVD 播放机成为热门礼品，公司的 DVD 邮寄订阅业务也意外暴涨。

　　有一天我和工程师约翰谈话，说希望尽快替他找到帮手。裁员之前，约翰手下有三名工程师。可他的回答却出人意料："我宁可自己做，也不要二流手下。"原来，过去约翰要花大量时间去管理员工并收拾他们的烂摊子。

　　这句话日后反复在我耳畔回响：你能为员工提供的最佳福利，不是请客吃饭和团队活动，而是招募优秀的员工，让他们和最优秀的人一起工作！

从你自身的经历也可想象，你是在一个充满优秀人才的团队工作时干劲大还是在一个平庸的团队干劲大？在优秀的人身边，你每天都能进步，都能学习到他/她身上优秀的东西，自然而然就会激励到你。

这对我们的启示就是要不断寻找优秀人才，让他们加入我们的队伍，把团队打造成别人都想进来工作、学习的组织，这就是最好的激励。

3. 树立高目标并鼓励、呐喊、鞭策

最新出版的《马斯克传》中讲了这么一个故事：

案 例

  段鹏飞是自动驾驶团队中年轻的机器学习专家，他在家乡武汉学的是光信息科学与工程专业，随后在俄亥俄大学获得博士学位。2017 年他加入特斯拉，赶上了马斯克在 2019 年自动驾驶日要推出自动驾驶车辆的"狂飙"运动。段鹏飞说："我当时连轴转了几个月，没有休息一天，实在太累了，感觉被榨干了。自动驾驶日之后，我就退出了特斯拉，但过了 9 个月，我又感到很无聊，所以我打电话给老板，求他让我回来。我决定了，宁可被榨干，也绝不混天度日。"

  领导人工智能基础设施团队的蒂姆·扎曼讲了一个类似的故事。他来自荷兰北部，于 2019 年加入特斯拉。"在特斯拉的时候，你都不敢去别的地方，因为去了，你会觉得很无聊。"他刚刚有了第一个孩子，是个女儿，他知道留在特斯拉不利于平衡工作和生活。尽管如此，他还是打算留下来。"我想接下来几天陪陪妻子和女儿，"他说，"但如果让我休息一周，我的脑子就会闲到爆炸。"

  网上有一段非常震撼的视频叫《死亡爬行》，希望你可以找来看一看。它是电影《面对巨人》中的一个片段，片中展现的训练方式叫"死亡爬行"。

案例

死亡爬行是一种非常考验力量和韧性的训练方式，因对体能的高要求而被称为"死亡爬行"。训练的要求是运动员背着自己的队友向前爬来锻炼自己的体能。一人半卧在地，膝骨不能着地，背上再压一个人，沿着球场爬 50 米。所有的队员都认为这是不可能完成的任务，在途中不到 30 米就全军覆没。

短片中，教练叫出了球队中较优秀的队员布洛克，让他再做一次"死亡爬行"。这一次，他用一块布把布洛克的眼睛蒙上，希望他能走得更远不要放弃。当布洛克被教练拉出来的时候，他很吃惊地对教练说："什么，你要我爬 30 米？"

教练说："我认为你能爬 50 米！"

当听到这个数字的时候，布洛克明显是不相信的，他压根就不相信自己能爬 50 米的距离。最后的结果却是，他背着一个重达 80 千克的队友竟然成功爬行了 100 米，完成了一个看似根本不可能完成的目标。

在这个过程之中，布洛克的教练并没有提供任何技术上的支持，他只做了两件事：

第一件事，就是给布洛克蒙上了眼睛；

第二件事，就是在一旁不断地鼓励、呐喊、鞭策。布洛克爬行时，教练始终在旁鼓励，喊了：

13 次"对了"，

15 次"加油"，

23 次"别放弃"，

3 次"不要停"，

48 次"继续"。

教练告诉布洛克，上帝赐予我们的智慧和能力，不要浪费！

记住，你就是布洛克教练的角色。你需要做的是让员工信任你，然后蒙上他们的眼睛（不自我设限，设置挑战性目标），然后在一旁鼓励、呐喊、鞭策他们。实现挑战性的目标是对他们最好的激励。

4. 树立一个"敌人"

人们渴望和平，但是在和平时期待久了，人会变得有惰性。会变得没有奋斗精神。就会变得没有斗志，没有了自己的追求。

一个团队也是如此，一个没有"敌人"的团队容易懈怠，缺少凝聚力。没有"敌人"，会导致内部斗争，造成巨大内耗，精力用在了内耗上，也导致无法扩张，无法从外部吸收能量，结果就是团队覆灭。

我们带领处在组织环境中的团队，恰恰没有真正意义上的"敌人"。因此，作为经理，我建议你为团队创造一个共同的"敌人"，这个"敌人"打了引号，它可以是内部的其他团队，我们的目标是要超越他们；也可以是竞争对手的团队，我们的目标是打败他们。

每个企业都会定目标，但目标只是一个数字，比如你对团队说这个月目标是 50 万元，对员工来说是没什么感觉的。比如你是 4S 店的销售经理，你可以设定的"敌人"是内部的另外一个销售团队，我们这个月的目标就是在销量上超过他们；也可以是隔壁其他店的销售团队，我们要超过他们的市场份额。这样团队就非常容易理解我们的目标了。

在外敌的压迫下，团队会史无前例地团结在一起，同仇敌忾、一致对外。一个团队必须有一个敌人，团队要为战胜共同的敌人去努力，这样团队才能成为团队。

人有快乐、悲伤的心理需求，也有团结的心理需求，斗争的心理需求。因此团队需要朋友去释放团结的欲望，需要敌人去释放斗争的欲望。在一个团队里面，要尽可能创造团结的气氛，减少斗争的气氛，尽可能地让队员建立朋友关系，减少敌对关系。

从外部树立假想敌是实现良性关系的有力方法。大敌当前，兵临城下，团队内的人就会产生身份认同感，把敌人这个概念主动加到来犯的外部人身上，原先内部存在的矛盾在外敌来犯时已经算不上什么了。同时在与外部斗争的过程中，团队内的人互相协作更加紧密，同生死，共荣辱，对增强凝聚力非常有利，更易促进团结的关系。

也不要怕有敌人和斗争，最近历史上很多精彩的商业实战都是伴随着斗争出现的。比如移动出行最开始是"滴滴"和"快的"的战争，受伤的是出租车行业；移动支付的普及是从"支付宝"和"微信支付"的战斗开始的，共享单车是"小黄车OFO"和"摩拜"的斗争开创的，还有精彩纷呈的360和QQ的商战……，在这些战斗中你会发现成长出一些商业巨头，同时也留下一句话"老大和老二打架，受伤的是老三"。

团队就是在不断打败敌人中获益的，带领团队打胜仗是最好的团建，庆祝胜利是对员工最好的激励。因此，聪明的经理都会为团队树立一个"敌人"来激励员工。

4.2.5 第五步：评价与反馈

人员管理最后的闭环是对员工进行评价与反馈，当然其目的是帮助员工提升能力，并在未来取得更好的绩效。

在你设定目标，经过过程辅导、激励之后，你重点需要做两件事，一是绩效反馈，二是人才盘点。

绩效反馈需要你将对员工的评价结果进行一对一反馈，并在这个过程中搜集员工的意见和建议，同时对员工下一步的工作提供指导，酝酿下一步的工作目标。在这个过程中，你将有以下收获：

▸ 更加清晰地了解下属的能力、素质和对团队、目标的态度。

▸ 发现原来对一些员工的主观认识是有错误的，发掘人才。

▸ 认识到有些问题竟然是自己管理中的失误导致的。

▸ 了解到自身的管理角色，发现自己的管理局限和短板、提升空间。

▸ 制订下一步的改善计划和优化方案并迫不及待地去执行，甚至在更高的层面上实施管理改进。

绩效反馈是经理在人员管理上的重要工作，对员工来说，这个环节同样重要，经理做好绩效后发现员工可以有以下收获：

▸ 了解他们为什么超过、达到或没能达到他们的期望绩效。

▸ 认识到如果全力以赴，在各方面达到一个人的期望绩效并不难。

▸ 不会对全面的、正在进行的辅导和准备感到意外。

▶ 对他们的成绩感到骄傲，对提高他们需改进的方面有愿望要求。

▶ 制订下一步的改善计划和优化方案并迫不及待地去执行。

一次成功的绩效反馈对你和员工双方都有好处，如果没有过类似的经验，显然这并不容易。你需要学习相关的方法和技巧。

首先，需要真诚的态度。在反馈的时候真心实意，坦诚相待以从心底感动下属而最终获得下属的信任，而不是例行公事般地走流程，或者敷衍了事的故作姿态。员工能感受到真诚的态度，相反他们同样也能感受到不真诚的态度。

其次，需要体现对员工的关心。在反馈的时候要设身处地地为下属着想，关心员工的处境和困难（无论工作还是生活），真心实意地帮助他们解决问题，改进绩效。要成为员工的知心朋友。

再次，需要坦诚相待。坦诚就是既要反馈成绩，也要反馈不足，不回避矛盾。很多新经理因为立足未稳，不敢揭露问题，不敢直面矛盾，双方说一些相互恭维的场面话，导致整个反馈过程是无效沟通。

最后，反馈也是一种艺术。反馈本身是用语言在沟通，如何用别人能接受的方式表达，如何提建设性的意见，如何让别人能听进去你的批评（指出的问题）都是一种艺术，不能生搬硬套任何经验，需要慢慢地摸索实践。

那么，在绩效反馈中，你应该怎么做呢？请参考以下的提示：

（1）约定面谈时间、地点：作为一项正式的工作，双方确定好时间，预定好会议室，列入自己的日程表。

（2）事先详细阅读相关资料：在反馈前，搜集相关的数据、资料，回想过去一段时间的工作，回忆下属展现的行为。

（3）计划如何开场：准备好开场白，好的开始是成功的一半。开场时如何通过寒暄拉近与下属的距离，让下属放下包袱，又简明扼要地阐述今天要达到的目的。

（4）计划面谈的方式：先谈优点，再谈工作中需要改进的地方，最后听取下属的想法，并帮助制订改进计划；同时，在提出你的评估意见前，先要让下属知道你已经了解他的看法。

（5）确保面谈不受干扰：在面谈中，你可以运用"汉堡"原则（图4-15），先肯定再提问题，最后以肯定结束。

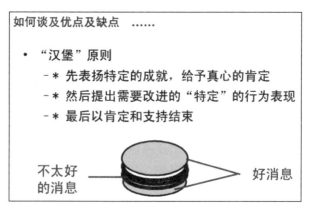

图4-15　绩效反馈的"汉堡"原则

当然，作为一个新经理，在进行绩效反馈的时候，我要提醒你注意以下的问题。

▶ **将激励与工作狂混为一谈**：团队短期可以打鸡血，但是无法持续长期打鸡血。如果以牺牲个人生活为代价，工作和生活都不会更长久，对你和你的团队来说都是如此。

▶ **过于关注负面问题**：不能回避问题，但也不能过于关注负面问题，要避免形成长期压抑的工作氛围。长期压抑的氛围不利于创新，同样不利于鼓舞团队的士气。作为团队的领导，你需要倡导轻松的工作环境。

▸ **对员工夸夸其谈不真诚**：经理人员的言传身教是最好的激励手段之一。

▸ **试图去统治或控制**：新任经理往往由于缺乏自信而出现过多的控制欲，当你试图去控制员工的时候，他们一定会感知。员工通常是愿意与你一起工作而不是为你工作。

▸ **解决团队成员之间的矛盾时拖拖拉拉**：发现问题及时解决，不要积累矛盾。

▸ **不能信守承诺**：它会影响你和下属的关系，特别是这些承诺对他们非常重要的时候。仅仅少数几个不能兑现的承诺，就会彻底摧毁你和下属之间建立的信任关系。

在第一步摸清现状的过程中，你对团队的人员状况做了大概的了解，并根据能力和对你的态度做了矩阵分布，以在排兵布阵的时候采取不同的策略。经过目标设定、辅导和激励之后，你应该对部门的人员状况有更加深入的了解，这个时候可以做一个正式的人才盘点，考虑更长远的人事布局。

正式的人才盘点，建议你先从业绩和能力开始，盘点团队人员现在的表现。主要考虑两个方面，一是业绩，在绩效结果评估的时候已经有产出，直接应用就可以了；二是能力，能力评价依靠能力模型建模和能力测评，如果你们公司有相关的体系，直接应用测评的结果就可以了。

如果还没有能力测评的体系、流程，你可以简单地做一些思考和评价。最简单的方法就是利用前面学习的冰山模型，你们团队的成员需要具备哪些知识、技能和能力（例如沟通能力、团队协作、问题分析与解决），把它们写下来，然后基于对员工的了解，把他们两两比较，做一个简单排序，把能力的高、中、低相对位置确定下来。最后，用图4-16的矩阵做人才盘点。

图4-16　人才盘点业绩/能力矩阵

　　做了这样的盘点之后，我们就能针对不同格子里的员工采取不同的策略。图4-16中A、B1、B2、C格子里的员工要重点激励，打造成部门里的标杆，作为团队的中坚力量，可以帮你分担重要的工作。E格子里的员工要重点关注，需要逐步清除出队伍。D1—D4格子则需要区别对待，D1、D2的员工具备能力，但可能工作动力不足，要考虑是不是对他们的支持不够，或者是没有放在合适的位置上，要通过工作安排或者激励调整，让他们产生更好的绩效；D3、D4的员工绩效不错，但能力不足，需要有针对性地培训，如果本身没有更高的追求，就当作一般劳动者，踏实做好本职工作。

　　总之，有这样一张图，未来怎么安排、管理这些下属你就可以心中有数了。这是基于现状的盘点，另外一个盘点是基于未来发展的盘点。

基于未来发展的盘点主要应用于未来团队的人才使用和培养，因此侧重点在于潜力的评估。潜力主要看未来是否能够承担更有挑战的工作角色或解决更复杂的问题，且发挥出高绩效，是指一个人在特定领域或行业中未来能够展现出的潜在能力和发展前景。潜力是一种可能性，这种可能性在外部环境或教育条件许可时，可以通过一定的经验发展成为现实能力。

如何评估潜力一直是个难题，很多学者都在研究。通常来说，一个具有潜力的人才往往具备以下几个特质。

‣ Intellect（洞察力）：通过理解、分析与洞察，成功应对挑战并做出有效决策。例如：战略思维、分析与决策。

‣ Drive(内驱力)：持续学习，以及追求成长和卓越的不懈决心。例如：追求卓越、学习导向、积极主动。

‣ Agility（敏捷力）：积极开放地适应变革和自我挑战，敏锐应对未知环境且自信坚韧。例如：应变力、适应力。

‣ Leadership(领导力)：领导和发展团队，管理利益相关者，推动组织目标实现。例如：领导意愿、利益相关者管理。

因此，在没有专业工具评估下属的潜力的时候，我建议简单操作，通过你对他 / 她的观察，重点评估：

（1）有没有自驱力？比如当你给他 / 她分配一个新的任务时，有条件上，没有条件创造条件也要上。在日常工作中，他 / 她也会主动思考，经常提出一些新的设想和方法，以更有效的方式完成现有任务，或者达成更高的目标。

（2）有没有学习能力？学习能力是一个人学习之后，将知识转化成为工作方法，给工作带来改变的能力。学习能力强的人则能学以致用，结合工作情况，灵活应用起来，给工作带来有益的改变。

（3）有没有格局？格局是一个人的容人之量，有格局的人更喜欢和优秀的人一起共事，他/她从不吝啬对于优秀之人的赞扬和认同，他/她总是能发现他人的优点和长项，团队里大家都愿意与他/她合作。

需要注意的是，这三者是缺一不可的。如果一个人有自驱力和学习能力，但是格局不够大，显然不堪大任；如果学习能力也有、格局也够，但是没有成就动机，整天躺在功劳簿上，也不能有潜力。

你按照这三个方面对下属的潜力进行评估，然后在团队里面进行排序，跟绩效评估的结果一起，按照图4-17进行盘点。

	绩效合格	绩效良好	绩效优秀
高潜力	关注人才3 绩效合格、潜力巨大 在管理层级和职责范围内 有一定的提升空间 严密关注绩效不够优秀的 原因，提升其晋升的准备度	核心人才6 绩效良好、潜力巨大 在管理层级和职责范围内 有一定的提升空间 需寻找绩效不够优秀的原因， 辅导提升其晋升的准备度	明星人才9 绩效优秀、潜力巨大 在管理层级和职责范围内 有巨大的提升空间 给予教育、培训、辅导的 投入和晋升机会
有潜力	自我提升人才2 绩效合格、有一定潜力 在职责范围内有一定的 提升空间 关注绩效不够优秀的原因， 需自我提升其准备度	核心人才5 绩效良好、有一定潜力 在管理层级和职责范围内 有一定的提升空间 需寻找绩效不够优秀的原因， 提升其晋升的准备度	核心人才8 绩效优秀 有一定潜力 在管理层级和职责范围内 一定的提升空间
无潜力	提升绩效人才1 绩效合格、无潜力 关注绩效不够优秀的原因， 需在本岗位上不断提升绩效	稳定人才4 绩效良好 无发展潜力 可在本岗位上稳定发展	稳定人才7 绩效优秀 无发展潜力 可在本岗位上稳定发展

图4-17　人才盘点绩效/潜力矩阵

同样，有了评估结果之后，按照9宫格进行分布。对于处在9宫里面的人，业绩好潜力大，你未来要倾斜资源重点、有意识地培养，让他们成为你团队的中坚力量。对处于5、6、8宫的人才，要逐个分析，在未来的工作中注意多辅导。对于处于3宫的人才，需要分析其绩效不够优秀的原因，给予更多的锻炼机会，同时观察，帮助提升绩效。对于4、7宫的人才，重点予以保留，让其在本岗位上贡献力量。对于2宫的人，关注其绩效不够优秀的原因。对于1宫的人，无潜力，其绩效不够优秀，如果长期不能改善，可以考虑清除。

　　下面，你可以将两个盘点的9宫格结合起来，对照前面业务的需要，形成一些关于人才管理的重要的判断。

　　（1）部门的组织架构是否需要调整？理论上，部门都是因事设岗、以岗配人，但基于这近100天的实践和对人员状况的掌握，有没有必要调整架构，对现有人员进行重组，以改进部门的整体绩效。

　　（2）高潜人员名单。团队里有5%—10%的人纳入高潜名单，重点培养。

　　（3）部门整体的行动计划。基于盘点的结果，需要明确未来要采取哪些行动，特别是能力提升方面的行动，时间节点和相应的负责人。

　　（4）关键人才的个人发展计划。即部门里的关键人才，未来如何使用、如何培养的行动计划。

　　经过人员管理之后，你掌握了相关的理论和工具，对未来的人事布局也已做到心中有数，相信对你未来的工作有很大的帮助。

　　在整个经理的生涯中，两个关键词特别重要：借人成事和借事修人。你需要用合适的人，排兵布阵到你的"必赢之仗"中，帮助你"打仗",这叫借人成事。同时,在"打仗"的过程中,通过目标制定、激励、评估和反馈,帮助你的下属成长,取得更好的绩效,这叫借事修人。借人成事和借事修人二者相辅相成,不可偏颇。你要记住一句话:人人都是明星,你就是最大的赢家。

4.3 人际影响阶段的任务清单和产出

你在人际影响阶段需要完成的任务及产出见表4-4。

表4-4 人际影响阶段需要完成的任务及产出表

序号	主要任务	产出	参考
1	现场调研与资料调阅		
2	现状分析	业务现状 人员能力/态度分布矩阵	图4-5—图4-7
3	目标设定	员工个人PBC	图4-9
4	过程辅导	员工绩效辅导	图4-10
5	激励	员工PBC评价及反馈	图4-13
6	人才盘点	人才分布矩阵	图4-16—图4-17
7	自我觉察	ORID工具表	表2-3

|今|昔|对|比|

过去

现在

第五章

L-持续提升（Leadership）

5.1 从管理到领导

在新任经理 100 天接近尾声的时候，如果顺利的话，你已经理顺业务、打赢"必赢之仗"，赢得团队的信任，成为团队的核心。此刻的你，信心满满，踌躇满志，立志迈向更大的成功。这时候，你需要给自己一点时间，思考自己未来的发展和提升的事情。

首先，你必须清醒地认识到，在很多大的组织当中，你还是一个基层管理者。在第一部分自我认知中，我们讲到经理的职业发展历程，你要成长为驾驭集团业务的领导还有很长的路要走。这就是从管理到领导的历程。

我们经常把"管理"和"领导"这两个词混为一谈，没有仔细琢磨它们的区别。如果搞不清它们真正的内涵，你就很难搞清楚如何从管理走向领导。

哈佛商学院的终身教授、举世闻名的领导力专家约翰·科特对此有精彩的论述。

 案例

事实上，管理是一套众所周知的流程，如计划、预算、组织工作、人员配备、绩效考评和解决问题，以促进企业做好自己想要做的事。管理可以帮助你依照承诺，在预算内生产产品和服务，并维持一定的质量。不论组织的规模大小和复杂性高低，这都是非常困难的任务。我们总是低估这项工作的复杂性，尤其是当我们不担任高管时。管理是很重要的，但它不是领导。

比如，管理中的激励就和领导中的激励根本不同。管理的控制方法之一是"激励"人们遵守标准或计划，这一般通过经济刺激来实现。而领导行为的激励一般包括：第一，在沟通愿景时强调参与者的价值，使之有成就感；第二，让参与者决定如何实现与他们相关的目标或目标的一部分，使之有掌控感；第三，通过教练、反馈、榜样等方式支持参与者，增强其自尊感；第四，认可和奖励参与者的成就，使之有归属感。

领导是完全不同的。它与组织的未来息息相关，能够迅速发现、并把握企业的发展机会。领导是关于愿景、人才引进、授权等事项；更为最重要的是，领导要做出有效变革。领导无关个人特质，而是在于行为。在快速变革的世界，无论你身处公司哪个层面，都越来越需要具备领导力。那种认为只有杰出高管才需具备领导力的观点是荒谬的，而且容易导致失败。

"领导"与"管理"发挥不同但是必要的功能。我们需要伟大的"管理"，但也同样需要伟大的"领导"。我们要让复杂的组织变得既可靠又高效。无论进行多大规模的变革，我们都需要通过"领导"和"管理"来实现企业的发展，从而达到设定的目标。

除此之外，我们必须保证在谈论"领导"时，绝不是在谈论"管理"。否则，当我们需要更多"领导"时，所做的一切都是在更努力地"管理"。如果是这样，那么终将有一天，企业会变得"管理"过度而"领导"不足，进而在快速变革的世界中越来越脆弱。

如今，拥有合格领导的企业少之又少。只有认识到"领导"与"管理"之间的真正不同，并清楚知道问题出在哪里，才能够顺利解决问题。

关于它们的区别，你可以想想这么一句话，我们可以说"我管理一群羊"但不说"我领导一群羊"，可以说"我管理一台机器"，但不说"我领导一台机器"。领导力是关于人的科学，是怎么激发团队实现目标的过程。

经过 100 天的实践，你需要好好思考管理或者最后到领导是不是你的发展目标，是不是能发挥你的优势，是不是你喜欢的工作。如果答案是否定的，你现在回头继续做专业技术方面的工作还来得及。如果这是你梦寐以求的工作，是你未来想追求的事业，你必须开始思考发展、提升领导力等。

5.2 领导力的自我修炼

约翰·麦克斯韦尔在《领导力的 5 个层级》一书中阐述了领导力的五个层次，说清楚了领导力的来源以及如何修炼领导力。

第一层级：职位 / 权力

第一层级的领导力来源于职位赋予的权力。当你被任命为一个管理岗位时，组织内部的制度、流程就会根据授权让你拥有相应的权力。

约翰·麦克斯韦尔说，依靠职位的领导者只能够产生头衔所带来的影响。人们追随他仅仅是因为不得不这样做。职位领导者以职位和头衔赋予的权力为基础。拥有领导职位本身没有错，但利用职位让人们追随是完全错误的。职位无法代替影响力。

他们依靠规章制度、政策和组织纪律来控制员工。他们的下属只会在规定的职权范围内服从他们，通常只做他们被要求做到的事情。当职位领导者要求下属付出额外的努力或时间时，他们往往无法得到想要的结果。

职位领导力是唯一不需要能力和努力就能达到的层级。任何人都可以被任命到某个职位。因此，作为一个初级领导者，你要时常警醒自己，员工现在跟随我是不是因为我在这个位子上，他们是不是发自内心地拥护我的领导，如果不在这个位子，他们还愿意听我的吗？

第二层级：认同 / 个人关系

约翰·麦克斯韦尔说，第二层级领导力完全基于人际关系。在认同层级上，人们跟随你是因为他们想要这样做。当你喜欢下属并把他们当作有价值的人对待时，你就开始对他们产生影响，培养了他们对你的信任。无论是在家里、在工作中、在休闲娱乐中，还是在做志愿工作时，工作环境都会变得更加愉悦。

第二层级领导者的任务不是巩固自己的地位，而是了解追随他的人，弄清楚如何与这些人相处。领导者了解他的下属，而下属也了解他们的领导者，由此建立起坚实、持久的人际关系。

领导力的第二个层次是你近期努力的方向，前面我们也学习了如何施加人际影响，进行人员管理。如果我们能做好的话，这100天会赢得团队的信任与认同，你也就具备第二层级的领导力了。

第三层级：业绩／贡献

 案 例

　　约翰·麦克斯韦尔说，认同层级的潜在危险之一就是领导者可能止步于此。但好的领导者不仅仅要创造一个愉悦的工作环境，还要有能力创造业绩！这就是为什么他们必须升级到基于结果的第三层级领导力——业绩。在业绩层级，领导者获得了影响力和公信力，下属因为领导者为组织所做的一切而追随他们。

　　当领导者达到第三层级时，许多积极的事情会发生：任务完成，士气高涨，利润上升，人员流动率降低，目标实现。也正是在第三层级，激励开始发挥作用。

　　在这个层级上，领导他人和影响他人变得更加有趣。众所周知，成功和生产力可以让许多问题迎刃而解。正如传说中的前美国国家橄榄球联盟（NFL）四分卫乔·纳马斯（Joe Namath）所说："只要你赢了，一切都好办。"

在第三层级，领导者可以成为变革的推动者。他们可以面对并解决棘手的问题。他们能够作出艰难的决定，从而产生影响力。他们可以将员工的工作效率提高一个档次。

成为第三层级的领导者是你未来获得进一步晋升的基础。如果你在经理的岗位上没有服众的业绩，那么你很难带领团队发生质的改变，也很难获得晋升。

第四层级：育人

约翰·麦克斯韦尔说，领导者之所以伟大，不是因为他们的权力，而是因为他们能够给他人赋能。这就是领导者在第四层级所做的事情。他们利用自己的地位、关系和业绩对下属进行投资，推动其发展，直到这些下属也成为领导者。这么做带来的结果就是领导者能够实现自我复制。

业绩可以赢得比赛，但育人才能得到冠军。在第四层级上，首先是团队合作达到很高的水平。为什么会这样？因为对员工的大规模投资增进了人际关系，帮助员工加深了相互了解，并增强了员工忠诚度。其次，是业绩得到提高。为什么会这样？因为团队中有更多的领导者，他们帮助彼此提高了绩效。

第四层级的领导者改变了员工的生活。人们追随是因为领导者的所作所为让每个人受益。领导者和员工之间的关系往往持续终生。

如果你的职业生涯中有很多的领导，你在离开组织或企业以后还会时常记得他/她、感激他/她，他/她就是第四层级的领导者。他们应该成为你努力的目标，达到这个层级，你就像一名教师，桃李满天下。也像一名教练，帮助更多的人成功。你的人生也将非常成功和圆满。

第五层级：巅峰/尊崇

最高和最难达到的领导力层级是巅峰领导力。

虽然大多数人可以通过学习达到第一至第四层级，但达到第五层级不仅需要努力、技能和意愿，还需要很高的天赋。只有天赋异禀的领导者才能达到这一高度。第五层级的领导者有什么特征？他们会把下属培养成第四层级领导者。

 案例

　　约翰·麦克斯韦尔说："如果领导者尊重他人、令人愉悦且做事富有成效，那么他们就可以对他人产生一定程度的影响力，并相对轻松地获得追随者。"

　　然而把追随者培养成独立的领导者十分不易。大多数领导者不愿意这么做，因为这比简单地领导他人要付出更多。培养领导者，使其能够并愿意培养其他领导者，这是所有领导任务中最困难的一项。但回报是值得的：第五层级领导者能够培养第五层级的组织，他们创造了其他领导者无法创造的机会，把文化传承留给了组织。人们跟随是因为他们本身以及所代表的价值。换言之，他们的领导力享有良好的声誉。因此，第五层级领导者往往超越了自己的职位、组织，甚至行业的界限。

最高层级的领导力在组织或企业里，可以用一句话概括，领导培养领导，为组织的发展和传承作出贡献而得到员工的尊崇，这是所有领导毕生努力的追求。

约翰·麦克斯韦尔是西方的学者，总结了领导者的五个层级。在我们中国，老子《道德经》第十七章中说："太上，不知有之；其次，亲而誉之；其次，畏之；其次，侮之。"说的是治理国家，最好的统治者，人们意识不到他的存在；其次也就是差一等的统治者，人民会亲近他且赞誉他；再差一等的统治者，人民畏惧他，害怕他；再差一等的统治者，人民会远离他，轻侮他。

这几句话正好也对应了领导力的层次。最差的领导，大家都在背后骂他／她；其次，大家都很怕他／她，但畏于其职权不得不听他／她的。比较好的领导是大家都夸赞、亲近、愿意追随他／她。最高层次的领导，我们感受不到他／她的存在，但是不知不觉地按照他们的要求做事。这样的领导是最厉害的。老子、孔子距今已经两千多年了，他们的道家、儒家思想一直是我们中国人行为处世的指南。

根据上面的研究可以看出，领导不一定就有领导力，他们不能直接画等号。权力更不意味着领导力。真正的领导力的核心是影响力。美国前总统艾森豪威尔曾明确指出领导力必须建立在领导影响下属的基础之上：领导力是让下属做你期望实现、他又高兴并愿意去做的事情的一项艺术。

5.3 领导力的基础

那么，一个新任经理作为一个管理者或者是初级领导者，你该如何发挥自己的领导力？或者说，具备领导力的基础是什么？

首先，过硬的专业能力。专业能力是领导力的基础，也是最容易产生领导力的地方。苏格拉底有一句名言：无论在什么情况下，人们总是愿意服从那些他们认为最棒的人。当我们遇到问题的时候，第一反应都是去寻求专业人士的帮助。如你买房的时候会去咨询专家的意见，你拿到体检报告会去咨询医生的意见，你买车的时候会去网上搜搜知名博主的评测……同样，团队在遇到专业问题的时候，如果来咨询你，这就是领导力的开始。

在这方面，你有得天独厚的优势，因为你刚从专业工作晋升到经理，专业能力是你的强项。但是需要注意的是，在未来的日子，你仍需保持这种优势。如果失去对专业钻研的热忱、对专业技术缺乏精益求精的态度，那么很容易在专业上落伍。

其次，判断能力。这里说的判断能力是面对混沌状态、复杂局面时进行分析、评估、比较和决策的能力。

1987 年成立的华为，在世界第一大国以举国之力的打压下，仍然能实现年销售超千亿美元，成为全球高科技企业的翘首，其创始人任正非先生的判断力功不可没。当年，任正非从深圳南油集团辞职下海经商，创立华为，开始主营代理香港康力公司的 HAX 模拟交换机。基于对未来通信行业发展趋势的判断，任正非带领的华为在站稳脚跟之后，与当时很多选择"贸工技"稳妥务实路线的企业不同，独辟蹊径地选择了"技工贸"路线，开始进入通信设备的研发和制造，逐步成为一家以研发和技术创新为主导的高科技企业，与西方企业同台竞技。早在2004年，在受美国打压的15年前，任正非判断如果华为继续发展，只要十年，一定会与西方高科技企业发生碰撞，华为所需的配件就会被断供，会陷入生死危机，于是启动了"备胎计划"。正是由于"备胎计划"的实施，让华为在面临打压的时候顽强地活了下来，经过三年的励精图治，以MATE 60重磅回归重回高科技企业的赛道。

准确的判断力是在复杂情境下，领导者吸引下属追随的源泉。

最后，人格魅力。只有有人格魅力才能服众，才能对下属有影响力。人格魅力是领导力的基石，是领导力的必要条件。没有人格魅力，领导力无从谈起。

古今中外，对人格魅力几乎有相同的标准。勇气（courage）、尽职尽责、决策能力（ability to make decisions）、诚信（integrity）、坚忍不拔的意志（hardiness）、换位思维（empathy）、适应性（adaptability）、高恢复力（high resilience）等是美国西点军校总结的领导者的品格和素质。中国古代的《孙子兵法》云："将者，智、信、仁、勇、严也"，将领导者的品格概括为足智多谋、赏罚有信、对部下真心关爱、勇敢果断、军纪严明。因此，领导力修炼提升的过程，也是人品不断完善的过程。

总之，对于一个管理者或者是初级领导者来说，相信专业的力量，继续保持专业主义精神，在复杂多变的内外部环境下，不断提升自己的判断能力，持续修炼品格，做一个有人格魅力的人，就能不断提升自己的领导力。

5.4 新任经理的领导力提升 V-MLVE 模型

领导力提升是一辈子的修行，领导力也是一门很精深的学问，很多专家学者都在孜孜不倦地研究其背后的内涵，帮助提升领导力。但是，领导力的提升也要循序渐进，不可能一蹴而就，那么在现阶段，作为一个初级领导者我们更应该关注哪些方面呢？

各个公司有不同的领导力模型（图5-1、图5-2），对领导干部提出了不同的要求，甚至成为自己的特色和品牌，知名度甚高。这些领导力模型体现他们公司的特点和发展阶段，没有普遍的适用性。

一个公司的领导力模型是对组织内部所有管理者、所有管理干部的共性要求，也可以称之为组织领导力。一个具有领导力的组织能源源不断地产生优秀的领导人才，能支持组织基业长青和生生不息。与之相对应的是个人领导力，是一个领导者具有领导力的个性特征，一个具有个人领导力的人无论在哪里都能发挥自己的影响力。

组织领导力和个人领导力是相对统一的关系。在组织中必须培养自己的组织领导力，同时也需要通过不断修炼提升自己的个人领导力。无论身处哪个组织，个人领导力一定也具有共性的特征，针对初级领导者的特点，结合多年的领导力发展管理咨询经验，我总结出新任经理 V-MLVE 领导力模型（图5-3）供你学习参考。

IBM公司不同时期的领导力模型

2018年

IBMers at Our Best: Our Competencies

IBM将领导力模型向下延伸，同时适用于**其他员工**

- ▲ 拥抱挑战
- ▲ 客户成功伙伴
- ▲ 全球化合作
- ▲ 系统性思维
- ▲ 赢得信赖
- ▲ 专业引领
- ▲ 持续变革
- ▲ 沟通影响
- ▲ 助力IBM人成功

随需应变的新纪元

2004年

领导者的核心任务：**在随需应变时代追求更长久的成功**

成就客户
- ▲ 建立客户伙伴关系
- ▲ 跨组织影响力
- ▲ 拥抱挑战

创新为要
- ▲ 横向思维
- ▲ 理性决策
- ▲ 战略性风险承担

诚信负责
- ▲ 赢得信赖
- ▲ 提升团队绩效
- ▲ 培养IBMer

核心
- ▲ 对IBM前途的热诚

振散和反攻时代

1996年

领导者的核心任务：**稳定组织和建设利于发展的平台**

致力于成功
- ▲ 消费者洞察
- ▲ 突破性思维
- ▲ 成就导向

动员执行
- ▲ 领导团队
- ▲ 直言不讳
- ▲ 协作
- ▲ 决断力

持续动力
- ▲ 发展组织能力
- ▲ 辅导团队
- ▲ 个人奉献

核心
- ▲ 对事业的热诚

图5-1 IBM公司领导力模型

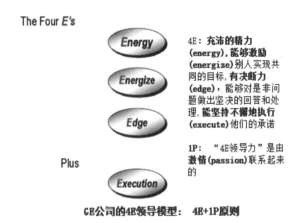

图 5-2　GE 公司的领导力模型

图 5-3　新任经理 V–MLVE 领导力模型

其中，V–value 是 价 值 观，M–Model the way 是 以 身 作 则，L–Continuous learning 是持续学习，V–Vision 是胸怀格局，E–Employee Care 是员工关爱。下面我分别讲讲他们是什么，以及如何做。

5.4.1 V-MLVE 领导力模型之价值观

价值观（Value）是其中的核心，有两层含义。一是对自己，作为一个初级领导者，要有正确的价值观，包括遵守组织要求的价值观和个人做人的价值观；另一个是对团队，带领团队要重视价值观的引领作用。

简单来说，价值观是组织里大家共同遵守的行为处事的方式，它其实是一种排序，是我们认为的对事情的重要性的排序。比如，今天老板让你加班，同学约你吃饭，你选择去吃饭，那么你的排序是友情比工作重要。对一个组织来说也一样，当我们发现有个产品有投诉，我们可以选择退换货，也可以选择置之不理。如果我们选择退换货，那么我们认为诚信更重要。

价值观重要在它会影响我们的每一个无论大小的决策，无论组织或个人。今天的结果是三五年前的选择决定的，同样我们今天的选择决定未来的三五年的结果。价值观通过影响我们的决策从而影响个人和组织的发展。

每一个组织都有自己的价值观，只不过展现的形式不一样。有的是写在员工手册上、贴在会议上的墙上、放在电脑的屏保上；有的没有明文显示，但刻在员工的心里，体现在干部员工共同的行为举止上，形成组织文化的一部分。

身为组织的一员，还是一名初级领导干部，你必须遵循组织倡导的价值观做事，这是最基本的要求。因此，你要认真学习企业文化，掌握企业文化的内涵，要会讲一些企业文化故事，知道哪些是企业倡导的行为，哪些是企业反对的行为。在此基础上，你要积极地践行企业价值观，成为团队的标杆，同时在团队中敢于纠正一些不符合价值观的行为，要促进价值观在你领导的团队中落地。

无论组织文化中有没有倡导，有一些价值观在领导团队的时候必须坚持，比如诚信正直、公平公正、担当尽责等这些公认的行为标准。中国人讲究"做事先做人，立业先立德"，优秀的品格是我们立世的根本，也是发挥领导力的源泉。

因此，我们要守住传统价值观的底线。作为一名带团队的leader，你要诚信为本不能言而无信，承诺的事情一定要说到做到；你要公平公正对待下属而不能心存偏见失之偏颇；你要做到推功揽过而不是争功诿过。"小胜靠勤，中胜靠智，大胜靠德"，无论职业生涯的起点是什么，最终决定我们能走多远的是品德，也就是我们做人秉承的价值观，这一点非常非常重要。

你也要善于利用价值观来管理团队。没有共同价值观的不是团队是"团伙"，因此团队必须共享一致的价值观。这里有两个关键词，一个是"共享"，共享意味着不是单向的输灌，不是你制定一个价值观一个行为标准输出给团队，而是大家相互认同，共同承诺遵守的价值观才是共享的价值观。另一个关键词是"一致"，俗话说"道不同不相为谋"，团队一定是一群价值观相同的人构成。

Netflix企业文化《自由与责任》中说，众多公司在大堂展示动听的价值观，诸如：integrity 正直、communication 沟通、respect 尊重、excellence 卓越。安然公司，高层入狱，公司因欺诈而破产，在它的大堂里展示着上述这些企业价值观。这些字眼显然并非安然公司真正的价值观。公司真正的价值观和动听的价值观完全相反，是具体通过哪些人被奖励、被提升和被解雇来体现的。

要记住，你在团队中要想建立一致的价值观，不是靠你每天念叨我们的价值观是什么，或者写在手册上，或者贴在墙上，而是靠你具体奖励、提升、解雇了哪些人来体现的，员工不会看你说了什么而是看你做了什么。

《道德经》说：道生一，一生二，二生三，三生万物。在管理的过程中，你坚持的价值观就是道。在价值观的基础上会产生各种规章制度和管理的要求，它们是价值观的体现和反映。如果没有正确的价值观指引，各种规章制度就会走样，执行就会出现偏差。

5.4.2 V-MLVE 领导力模型之以身作则

以身作则（Model the way）是领导力实践中排在第一位的。领导力学者库泽斯和波斯纳为了搞清楚怎样才能具有领导力，他们做了广泛的调查研究。他们的调查针对的是"普通人"，各行各业的有过领导经验的普通人。他们问这样一个问题：在你最佳的领导经验中，你做了什么？根据对这些成千上万的经验的总结，库泽斯和波斯纳得出了模范领导力的第一条是以身作则。

以身作则这个成语，来源于一个《论语》故事。鲁国的治安很不好，盗贼越来越多，执政大夫季康子问政于孔子。他问："假如我通过杀掉那些不讲道义的家伙来端正社会风气，您认为如何？"孔子摇摇头，说："您治理国家，为什么一定非用杀人的办法呢？您有心为善，百姓就会跟着做好事。执政者的言行举止就像是风，老百姓的表现就像是草，风吹过来，草一定顺着倒下去。"

其身正，不令而行；其身不正，虽令不从……苟正其身矣，于从政乎何有？不能正其身，如正人何？

我们知道领导力不仅仅是职位带来的权力，真正让员工信服和尊重靠的是以身作则赢来的。职位是组织授予的，人们追随的是领导者这个人而不是职位。我们经常看到有些团队，当领导离开之后，整个团队就作鸟兽散。我在企业的时候，经常跟干部讲"一个员工离职，往往不是要离开这个企业，而是要离开这个领导"。

在成为经理的前100天里，你明确了部门的目标、愿景、"必赢之仗"，确定了团队共享的价值观，之后你必须以身作则地体现你在下属身上期待的行为，也就是以身作则，通过直接的参与和行动，才赢得了作为领导者的权力和尊重。

只有以身作则，你在团队才有号召力，才能影响团队，团队才更有战斗力。我们在看电影的时候，经常看到这样的画面，敌军的指挥军官拿着枪，站在队伍后面指着士兵，说："弟兄们，给我上，活捉×××，奖励×××个现大洋……"我方的指挥官手举着枪，冲在最前面，说："同志们，跟着我上，解放全中国……"这就是生动的以身作则的画面。要求别人的事情，自己先做到。

以身作则是言行一致而不是说一套做一套。群众的眼睛是雪亮的，员工不会听你是怎么说的，而是会看你是怎么做的，即"听其言，观其行"。比如：有的团队立的规矩是准时守纪，开会迟到罚款200元。如果每次开会领导总是迟到，那么这制度也执行不下去，不如每次开会领导都提前5分钟到，你看看谁还会迟到。相反，说一套做一套对团队的伤害最大，影响了团队的信任和信心。如果你在团队中倡导批评和自我批评，员工坦率进言，给你提了些意见，你面子上挂不住，给人家穿小鞋，那么后面永远都不会有人再给你提意见了，并且团队都会认为你是小肚鸡肠的人，信心就没了，你就没法再管理好团队了。

以身作则也不是事必躬亲。有的经理听到以身作则，就理解为事事都冲在前面，变成了事必躬亲，这也是不对的。经理的职责是通过他人完成工作，与下属是有明确的分工的，大家按照分工做好自己分内的工作就好。以身作则更多地体现在为人处世上，体现在价值观的落实上，规章制度的执行上，而不是要你去抢着做下属的工作。

要做到以身作则需要有同理心。给下属提要求的时候，先想想自己能不能做到，站在别人的立场考虑问题，体谅员工的难处，问问他们的困难，多征求意见。不能以为我是领导，高高在上，颐指气使，我说什么你们都必须听，这样容易引起员工反感。我们在教育孩子的时候，经常犯这样的错误，总想要孩子考 100 分、第一名，我们上学的时候能做到吗？我们总告诉孩子别玩手机，自己整天抱着手机不撒手，这样就会引起孩子的反感和叛逆，如果我们不在孩子面前玩手机，那么情况就会好得多。

5.4.3 V-MLVE 领导力模型之持续学习

持续学习（Continuous learning）是你未来职业生涯能走多远的重要决定因素之一。管理学家劳伦斯·彼得（Laurence J. Peter）的研究成果被称为 The Peter Principle，即"彼得原理"，彼得原理根据大量的实证分析而归纳出来，**"在一个等级制度中，每个员工趋向于上升到他所不能胜任的地位"**。如果你的学习速度跟不上你的晋升速度，那么你就只能待在这个不能胜任的岗位上止步不前。

学习能力也是评价员工发展潜力的重要因素之一，但作为初级领导者，还要在前面加上"持续"和"快速"两个词。持续说的是坚持的力量，不能凭一时的热情，新上任的时候短期突击，一旦步入正轨就忘记学习。快速说的是学习的速度，上级领导和组织给你的时间是有限的，你学习的速度必须快才能达到领导的期望。

学习的基础是有清醒的自我认知，要认识到自己的不足，明确自己的短板。很多经理在职场上表现好、晋升快，少年得志，慢慢就开始膨胀，认为自己无所不能。当你认为自己无所不能的时候，这就是危险的开始。认识自我的过程是先明白自己会干什么，然后知道自己不会干什么，最后接纳（承认）自己不会干什么，这就是一个完整的自我认知、自我接纳和自我管理的过程。知道自己不会的时候，就要快速学习，如果学习也学不会的时候，那么就要承认现实，尽量发挥自己的长处，用团队来弥补自己的短板。

学习的方法有很多种。根据成人学习 721 法则（摩根、罗伯特和麦克三人在合著的《构筑生涯发展规划》中提出的），成人学习 70% 来自真实的生活和工作体验，20% 来自专家 / 导师指导及其他角色的交流反馈，剩下 10% 才是知识性的学习。

孔子曰："生而知之者，上也；学而知之者，次也；困而学之，又其次也；困而不学，民斯为下矣。"意思是有三种人，有的人是天才，"生而知之"天生就会，当然这种非常少，孔子说他自己不是并且也没有见过；有的人是"学而知之"，是善于通过学习充实自己，这种人是提前储备知识，也不多；大部分人是"困而学之"，平时用不到的时候就不学习，等到遇到困难，要用到这方面的知识了，这才返回去学习，也可以理解为经过挫折，在实践中学习。

总之，不要单一地理解为上课、培训才是学习，要在企业里找一个教练（师傅），要多向其他人学习。既要提前储备知识，做到"学而知之"，也要知道遇到困难"困而学之"，在实践中学习也不晚。

美国学者大卫·库伯对如何学习有深入的研究，他提出经验学习模式亦即经验学习圈理论。他把经验学习分为四个环节，包括具体经验、反思性观察、抽象概念化、主动实践，然后不断循环。

学习的起点是经验（Experience），这种经验可以是直接经验，即人们通过做某事获得某种感知，当然这种也可以是间接经验。有了"经验"，学习的下一步逻辑过程便是对已获经验进行"反思"（Reflection），即人们对经验过程中的"知识碎片"进行回忆、清理、整合、分享等。把"有限的经验"进行归类、条理化和拷贝。然后，有一定理论知识背景和一定理论概括能力的人便会对反思的结果从理论上进行系统化和理论化，这个过程便进入了学习的第三阶段——"理论化"（Theorization）。学习圈的最后一个阶段是"行动"阶段（Action），可以说，它是对已获知识的应用和巩固阶段，是检验学习者是否真正"学以致用"，或是否达到学习的效果。如果从行动中发现有新的问题出现，则学习循环又有了新的起点，意味着新一轮的学习圈又开始运动。人们的知识就在这种不断地学习循环中得以增长。

大卫·库伯把学习过程从两个维度打开，来分析成人的学习风格。第一个是领悟维度，包括两个对立的掌握经验的模式：一是通过直接领悟具体经验（事实－Facts）；二是通过间接理解符号代表的经验（感觉–Feelings）。第二个称为改造维度，包括两个对立的经验改造模式：一是通过内在的反思（Reflection）；二是通过外在的行动（Action）。

通过这两个维度，可以把我们的学习风格分成四种类型（图5-4），实干者、解决问题者、整合者和群策群力者。

感觉Feelings

实干者	群策群力者
善于运用经验来开展工作	善于想象和提供多种选择方案
Doer	Barnstormer
Skilled at drawing on Experience to get work done	Skilled at imagining and offering diverse alternatives
注重直觉，经验，行动	注重感受，想象，灵活性
Values intuition, experience, action	Values feelings, imagination, flexibility
解决问题者	**整合者**
善于找出和发展想法的实际用途	善于分析综合许多事实和观念
Problem solver	Integrator
Skilled at finding and developing practical uses for ideas	Skilled at analyzing and integrating many facts and concepts
注重明晰，应用，善终	注重说明，理论，一致性
Values clarity, application, closure	Values interpretation, theory, coherence

行动 Action （左侧） **反思** Reflection （右侧）

事实Facts

图 5-4　学习风格的四种类型

1. 实干者

实干者偏好的是体验和实践，其特点是行动果断、说干就干，喜欢依靠直觉、摸着石头过河。它的优点是快和果断，追求学习的速度，会马上投入应用，立竿见影。但缺点可能是深度思考不够，因此大量的学习可能只停留在战术层面，很难举一反三、触类旁通，也很难升级到系统性、全局性的水平。

2. 整合者

整合者偏好的是深度观察、思考与抽象化。他们常常喜欢三思而后行，谋定而后动，深入探究事物背后的原因是什么、机理是什么、有什么理论模型作为依据等。它的优点是能进行深度思考，而且有可能通过学习和思辨来提供系统的理论支持。缺点是速度太慢，无论做什么事都要"搜尽奇峰打草稿"，基本无法快速迭代和更新知识；同时又缺少了快速的行动与实践，因此整合者所产生的新知常常成为空中楼阁，与现实相去甚远。

3. 群策群力者

群策群力者偏好探索各种多样化的可能性。他们往往靠直觉，对人际敏感，点子非常多，常常寻找其他观点或可能性。它的优点是富有创意、灵动、思维发散，但也很容易因为过度发散、无法聚焦而难以实质性地解决问题、推动执行。

4. 解决问题者

解决问题者偏好解决问题，带着问题去收集信息，收集信息也是为了解决问题。他们非常享受解题的过程，行动也比较迅速。享受解题过程往往体现出较强的目标导向性和执行力。但往往因为过于聚焦，而缺乏发散性的扫描能力，因此可能过早过快地陷入问题解决的过程中去，从而缺乏更大范围的想象力和创造力，因而限制了学习和认知的升级。

这四种学习风格有不同的特点（图5-5），我们每个人身上都或多或少有体现，但一般有一种主导的学习风格，你要明白的是他可能成为你的优势同时也是你的劣势。因此，我们要跳出自己的学习舒适圈，有意识地利用复合型的学习方法来加速我们的学习。《礼记·中庸》中说："博学之，审问之，慎思之，明辨之，笃行之。"对应的就是不同的学习方法和学习风格。

感觉 Feelings

实干者	群策群力者
• 此风格倾向于行动超过思考,注重感受超过事实。 • 实干者通过做出决策并加以实践能获得最佳学习效果。	• 此风格倾向于思考超过行动,注重感受超过事实。 • 群策群力者通过鼓励、发展和听取新想法,能获得最佳学习效果。
解决问题者	整合者
• 此风格倾向于行动超过思考,注重事实超过感受。 • 问题解决者通过提出解决方案和检验决策的实用性,能获得最佳学习效果。	• 此风格倾向于思考超过行动,注重事实超过感受。 • 整合者通过对有关建议进行理论和逻辑上的检验来理解其中的联系——宏观图景,能获得最佳学习效果。

行动 Action   **反思** Reflection

事实 Facts

图 5-5 不同学习风格的特点

如何认识测试自己的学习风格呢?你可以用表 5-1 做个简单的测评。

表 5-1 学习风格测评工具表

记录你选择 A 或选择 B 的个数	记录你选择 C 或者 D 的个数
1. 在学习时,我更喜欢	1. 在学习时,我更喜欢
a. 立刻进入状态	c. 探索自己或他人关于该情景的经历及感受
b. 回顾多重问题,观点及可取的行动方向	d. 探索关于该情景的想法或理论
2. 在学习时,我更喜欢	2. 在学习时,我更喜欢
a. 对在实际情景中有效的方法进行试验	c. 有相关情景的处理经验
b. 群策群力,找出不同的情景分析方法	d. 有一个清晰、合乎逻辑的情景陈述

记录你选择 A 或选择 B 的个数	记录你选择 C 或者 D 的个数
3. 在学习时，我更喜欢	3. 在学习时，我更喜欢
a. 花时间探索各种不同的选择和观点	c. 获得他人对于情景的感受
b. 在充分了解问题或他人的关注点之前就采取行动	d. 获得他人对于情景的理解
4. 在学习时，我更喜欢	4. 在学习时，我倾向于避免
a. 尝试自己的方法，甚至不惜冒险	c. 结合运用自己的直觉和别人关于情景的不同理论
b. 观察他人如何处理此种情景	d. 结合运用自己的直觉和别人关于情景的不同感受
5. 在学习时，我倾向于避免	5. 在学习时，我更喜欢
a. 等待并且考虑种种可能性	c. 处理奇闻轶事，经历及其他经验总结
b. 在统观全局之前就投入其中	d. 处理程序框图，图表及其他数据汇总
6. 在学习时，我更喜欢	6. 在学习时，我更喜欢
a. 经过实际应用验证的方法	c. 能坦然面对自己和他人感受的同事
b. 经过严密推理验证的方法	d. 能坦然面对事实的同事
7. 在学习时，我更喜欢	7. 在学习时，我更喜欢
a. 作现实主义者	c. 非正式、自由发展的讨论
b. 作理想主义者	d. 正式、有一定结构的讨论
8. 在学习时，我倾向于避免	8. 在学习时，我倾向于避免
a. 极具系统性的人	c. 理论训练、个案研究和建模
b. 极具自发性的人	d. 经验训练、角色扮演和模拟

记录你选择 A 或选择 B 的个数	记录你选择 C 或者 D 的个数
9. 在学习时，我更喜欢	9. 在学习时，我更喜欢
a. 研究工作的计划会议	c. 关于主题的热情动人的交谈
b. 回顾工作的汇报会议	d. 关于主题的详尽客观的交谈
10. 在学习时，我更喜欢	10. 在学习时，我更喜欢
a. 在没有取得全部信息前就给出结论	c. 与他人一起学习
b. 要取得全部信息后才能给出结论	d. 自己学习
11. 在学习时，我更喜欢	11. 在学习时，我倾向于避免
a. 尝试新的方法	c. 处理大量的人们关于目前环境的理论
b. 沿用旧的方法	d. 处理大量的人们关于目前环境的感觉

把你在评估中各栏的得分填入相应的空白处，然后分别乘以括号中的数字，得出每一栏的总分。

（　　）个 A　×（−1）=（　　）

（　　）个 B　×（1）=（　　）

（　　）个 C　×（1）=（　　）

（　　）个 D　×（−1）=（　　）

在图 5-6 的坐标系上，把每栏的总分用点描出，并用线连接各点。你会得到一个风筝或钻石形状的图形。在坐标轴上，把图形的最大象限涂黑。阴影区域就代表了你的学习风格。

阴影区域越大，你越依赖相应的风格。如果你的评估显示了两个或以上面积大致相同的阴影区域，意味着你在相应的风格上取得平衡。

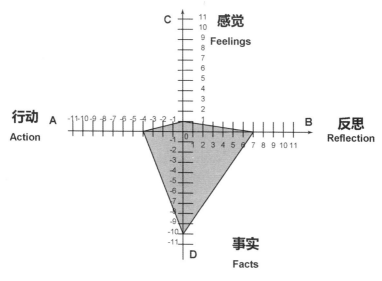

图 5-6　学习风格测评结果

了解自己的学习风格就像有了一张地图，上面有图例标明"你在此处"；它能让你意识到自己在团队项目和问题上的解决方式，帮助你发现自己与其他人的方式有何不同。

5.4.4 V-MLVE 领导力模型之胸怀格局

胸怀格局（Vision）是指一个领导者的胸襟、气度和理想抱负，它决定了你职业生涯的宽度。在自我领导力修炼上，胸怀格局体现为自己要有远大的目标和理想，并以此来吸引优秀的人共事，同时要有广纳贤才的容人格局和智慧。

一个领导者首先要能提出吸引别人追随的目标，这就意味着他必须有一定的理想和抱负，这也是凝聚团队的最佳做法。

刘备作为一个落魄的贵族后裔，沦落到在街上卖草鞋，但他的雄心壮志从未磨灭，高举"匡扶汉室"的旗号，吸引众多英雄豪杰相助，最后取得三足鼎立中的一席之位。孙中山先生凭着"驱除鞑虏、恢复中华"的理想，领导了辛亥革命，结束了清政府200多年的统治。

在商业上，1983年，乔布斯极力游说当时的百事可乐总裁史考利加入苹果公司，他说："你是想卖糖水度过余生，还是想尝试改变世界？"改变世界的目标让苹果公司聚集了大量的人才，最终成就苹果帝国。要想获得别人的支持和追随，首先要有理想主义的情怀、动人的目标和宏大的愿景。

作为一个领导者，你不仅要有眼前的苟且，更要胸怀诗和远方，不仅要低头拉车还要抬头看路，凝聚一帮有理想有抱负的人，一起为目标奋斗。

一个领导者还需要有容人的格局。多元化的团队能相互补充，才具有战斗力。打造多元化的团队，就要求领导者能容纳各种各样不同的人。

首先，要能容忍有缺点的人，用人所长，天下无不可用之人，用人要把他的长处发挥到极致而不能光盯着他的短处。2016年，任正非在某次颁奖大会讲话时就提到过同样的问题："在座各位能接受贝多芬到华为应聘吗？谁能想到，聋人也能成为音乐家呢？华为公司要能容忍一些'歪瓜裂枣'，容忍一些不太合群的人，允许他们的思想能在公司发酵。"

其次，要能容纳比自己还优秀的人才。如果团队里都是能力比你差的，你就是团队的天花板，可想而知你也很难进步，团队也很难发展。因此领导层级越高、团队越大，越是要聘请优秀的人，聘请比我们还优秀的人。

领导的格局是委屈撑大的。要有大格局，就要受得了委屈。在工作上总有一些眼前的苟且，有一些糟心的事，作为一个领导，你要能承受委屈，克制住自身的倾诉欲，切忌在下属面前抱怨和诉苦，这往往无济于事，还会被认为是无能的表现，因此不如隐忍一时，用自己的成绩说话。同时，领导是孤独的，你注定无处诉苦，因为你是 leader。

华为公司遭到美国无理打压的时候，任正非肯定满肚子委屈，甚至是憋屈，但他接受记者采访时的发言，就体现了他作为一个企业家的格局。

 案例

　　记者："这次很多事情可能都是因为美国而起。如果想要借这个平台对美国政府或者美国社会说一些话，您特别希望讲什么？"

　　任正非："我认为，美国发出不同声音的可能也是少量政客，他不能代表美国人民，也不能代表美国工业界、美国企业、美国科技界。美国的工业界和企业界还是坚定不移地支持我们的，坚定不移地加强与我们合作。所以，少数政客的声音是会有很大的噪声，但是能起到多大作用，最终还是要看结果。"

做一个有格局的领导，就要不比较、不计较。很多时候，一比较就会心生不平，就容易心态失衡。但是在比较的时候，我们往往看到的是对我们有利的方面，选择性忽视其他不利的因素。

管理学中有个公平理论指出：人的工作积极性不仅与个人实际报酬多少有关，而且与人们对报酬的分配是否感到公平更为密切相关。同时，研究表明一般人总是对自己的投入估计过高，对别人的投入估计过低，因此会感到不公平。所以不比较、不计较是明智的做法。

5.4.5 V-MLVE 领导力模型之员工关爱

员工关爱（Employee Care）是领导力的压舱石。一个领导如果没有人追随，必将成为光杆司令。你必须意识到员工是你的核心资产，你必须通过员工关爱培养你的铁杆粉丝。

杰克·韦尔奇曾经说过一句经典的话："哪怕通用电气所有的工厂一夜化为灰烬，只要能有 50 名核心骨干，我就能在一年内再造一个通用。"当今社会，机器、设备、技术都可以用钱买来，唯有人心需要你通过关爱来获取。

员工关爱首先是要与员工真诚交朋友。把下属当作一个平等的个体对待，在相互尊重的基础上，求同存异，成为战友、伙伴和朋友。在战场上，暴露后背就意味着死亡，因为你只能消灭你前方的敌人，而后背是你顾及不到的。敢于把后背交给战友就是信任。在团队中也是一样，作为领导，你也要率先把后背交给他们，他们才会对你坦诚相待。

当然，"革命不是请客吃饭"，虽然是朋友，但是作为领导你必须赏罚分明、公平公正。当员工犯错误的时候，你要敢于批评而不是"护犊子"，不能一味地迁就姑息。赏罚分明会帮助你建立威信，及时指出员工的错误也会让他们感激。

员工关爱要在信任的基础上授权，确定好目标，制定好规则，放手让员工去干，要鼓励他们敢于尝试勇于创新。授权不受责，失败了也要敢于担当，不能一味地责怪。切实做到胜则举杯同庆，败则拼死相救。

员工关爱要注重对员工的发展和培养。领导力的第四层次是育人，好的领导能改变员工的生活。因此，最好的关爱是通过培养成就员工。在日常的工作中，通过关键事件让员工得到锻炼，要创造轮岗、培训的机会，要及时给员工反馈，通过言传身教，提升员工的各方面能力。

关爱员工要通过创造关键时刻为员工制造惊喜。在紧张的工作中，一次生日会、一次庆功会、为员工的入职纪念日等关键时间节点时准备一份礼物，都能让员工惊喜，增加他们的认同感和归属感。因此，好的领导力是"一张一弛，文武之道也"，通过策划的活动，让员工放松。你可以记住员工的生日，熟悉他们的爱好，在适度的时机做个家访，等等。

新任经理的领导力提升 V–MLVE 模型能帮助你在初级领导者阶段评估和提升自己的领导力。你可以对照 V–MLVE 模型的要求，通过自我测评，请他人测评的方式，找到自己的不足，在日常工作和生活中，不断学习、刻意练习，并且长期坚持，一定能看到明显的成效。

另外，正如前面所说，在很多大中型企业，有自己的领导力模型，也会定期组织测评和反馈，可以与这个模型结合使用，互为补充。

5.5 制订个人发展计划（IDP）

个人发展计划的英文是 Individual Development Plan，简称 IDP，是很多世界 500 强公司常用的人力资源管理工具（表 5-2）。顾名思义，IDP 是帮助管理个人能力提升和发展，实现自己职业生涯目标的工具。

个人发展计划可帮助你明确当前阶段（一年内）能力提升的重点，规划符合自身实际情况的学习发展活动（包括参加培训、接受导师指导、岗位锻炼、项目活动等），并获取直接领导的支持。通过这些学习发展活动计划的实施来不断提高自身的能力素质，从而获得进一步的职业发展。

表 5-2　个人发展计划 IDP 模板

周期：＿＿＿年＿＿＿月＿＿＿日—＿＿＿年＿＿＿月＿＿＿日

发展目标 1				
目标描述				
发展任务	行动计划	衡量标准	资源支持	截止日期

发展目标 2				
目标描述				
发展任务	行动计划	衡量标准	资源支持	截止日期
自我总结				
指导人总结				

以下三个简单的步骤可以帮助你制订自己的个人发展计划：

1. 思考能使你真正热忱奉献的职业目标。经过新任经理的 100 天发展历程，你对自己未来的发展应该会有更深的思考，是时候认真考虑未来的发展计划了。

2. 理解你的工作要求与能力差距。很少人能在 100 天里完全胜任工作，游刃有余，这个时候你要根据 100 天的业务结果的差距，以及人员管理方面的差距，认真评估你在领导力方面需要提升的能力，并思考如何才能提高。

3.综合上面两个步骤的信息，形成书面个人发展计划。

计划里的重点有几个方面的内容，一是发展目标，注意这里的目标不是业务目标而是能力提升的目标，比如提升项目管理能力、提升绩效管理能力、提升战略洞察力等，然后把目标描述出来，可以采取"是什么、不是什么"的方法，比如项目管理能力是"管理好项目干系人促进项目按时完成，不是简单会使用 PLM 软件"。二是在发展任务里体现你准备采取哪些行动来提高，比如参加公司组织的项目管理培训、担任 ×× 项目的项目经理、请 ××× 担任内部导师帮助提升项目管理能力等。三是把这些行动的衡量标准和资源需求写下来。千万别忘记写清所需的资源支持，这是你与上级沟通时获取支持的重点。

IDP 个人发展计划是你自己的事情，也是你对自己的承诺。制订好 IDP 之后，事情还没有结束，首先你需要与直接上级沟通，把你的想法、你需要的支持、需要的帮助做个正式的沟通。这一点非常重要，因为只有当直接上级知道你的目标和想法，他们才能帮助你。然后就是定期回顾你的 IDP，确保各项能按照时间节点完成。

5.6 向上管理

作为一个经理，你同时有两种身份，你是下属的经理，同时你也有自己的经理（可能是部长、高级经理、总监等），你在工作中不可避免地要与他们打交道和沟通，能否处理好与他们的关系，对你的成功至关重要。这种下级对上级领导的"管理"就叫作向上管理。

管理大师德鲁克曾说："你不必喜欢、崇拜或憎恨你的老板，但你必须'管理'他，让他为你的成效、成果和成功提供资源。"大师就是大师，一句话说出了向上管理的本质，能正确地处理你与上级领导之间的关系，从而让领导更好地帮助你。

在过去的咨询和企业管理实践的过程中，我观察到特别是一些新任经理在向上管理的时候经常会犯一些错误，我们一起来看看这些错误有哪些，以及我们应该如何避免。

1.贬低前任：这绝对是最大的忌讳，因为前任做得好不好都轮不到你来评价，说前任不好对你没有任何好处。如果前任确实不好，那么是直接上级用人无方？这会让上级处境尴尬。如果前任不好只是你的一面之词，则面临尴尬的是你。并且，在稍微大一点的企业中（包括外企），里面的关系也是盘根错节的复杂，你还不知道前任是什么来头呢，说贬低的话很不合时宜。

正确的做法：你需要的是理解过去，聚焦于评估现在的行为和结果，并为提升绩效做必要的改变。

2.与上级保持的距离"太远"：有些经理总觉得跟领导太近，有拍马屁的嫌疑，加上知识分子的清高，总认为上级有事会找他的，上级帮助他是应该的，造成与上级距离"太远"。你必须认识到，在向上管理中，你是主导者，你要主动去找上级，让他/她了解你的情况。因为上级的事情很多，下属也可能不止你一个，如果你不主动找他/她，很可能就会误事。当然这中间要取一个平衡，也不能没事总往上级那里跑，要确保能够及时有效的沟通。

正确的做法：定期与你的上级见面，确保他/她了解你面临的问题，确保你了解他/她的期望并且及时了解这些期望是否发生了变化，以及发生了怎样的变化。

3.把"猴子"扔到上级背上：有些领导经常会被下属提出的各种问题缠住，就像身上背了个猴子而无法脱身。领导都很讨厌这样的"猴子"。因此，很多经理容易犯的错误是总是带了很多问题而没有任何解决方案就过去找上级，这就是把"猴子"扔到上级背上。

正确的做法：当你把问题带给上级的时候，也准备你对解决方案的想法。你可以先讲问题，然后根据你对这个问题的判断，看到的情况你做了哪些事情，建议的解决方案是什么，然后我们拿这个方案可以去探讨。最后上级有没有采纳你的建议不重要，但是你不能空手去。所以你要确保当你有任何问题的时候，也同时准备至少两个方案。

4.过程不汇报，结果很诡异：有的经理上任之后，就想着踏实把活干好，然后就开始埋头干事情，想着事情有结果之后再告诉上级。但是，你新上任在与上级还没有建立默契、还没完全建立信任的时候，这样想是很危险的。首先，上级对过程可能就会不放心，不知道你在做什么。其次，不知道你最后的结果是惊吓还是惊喜。

正确的做法：让你的上级了解任何过程中的问题。在做事的过程中建立定期沟通、汇报的工作机制。

5. **试图改变上级**：有的经理做事的习惯、沟通的方式、工作的风格可能跟上级不太一样，这个时候总想改变上级。改变别人的想法是很愚蠢的，特别是这个人还是你的上级，与其改变别人，不如改变自己，让自己去适应上级的风格。

正确的做法：适应他／她的个人工作方式和习惯。

总之，在新任经理的阶段，要建立与上级的信任和融洽的工作关系，要避免上面的误区，在此基础上，相互磨合，找到彼此合适的工作方式，尽可能地获取上级的支持，为长期的职业成功奠定基础。

5.7 时间管理

时间管理对我们每个人都很重要，成功的人往往都是时间管理大师。对于新任经理来说，因为角色的转变，一开始都会感觉时间不够用，或者每天一大堆的事情，不知道该如何安排。很多新任经理的失败也是从时间管理开始的，他们事无巨细，每天都在"救火"，时间管理效率太低。

几乎每个人都知道时间管理的四象限法（图5-7），它是由美国的管理学家科维提出的一个时间管理的理论，把工作按照重要和紧急两个不同的维度进行了划分，基本上可以分布在四个"象限"。

图 5-7　时间管理四象限

对各类工作任务按照图 5-7 的划分方法分配到不同的象限内，从而从复杂的任务清单中排列出合理的处理顺序。

道理非常简单，但是为什么还有很多人做不好呢？以我的观察，主要有两个原因。

第一，时间管理的理念不对。从本质上看，时间管理的理念有两种，事情优先和时间优先。事情优先认为做事是第一位的，为所有要做的事情分配时间。时间优先认为时间是第一位的，在相应的时间上安排要做的事情。它们之间的差异如图（图 5-8）所示。

工作优先			时间优先	
工作	**时间**		**时间**	**工作**
工作1	9:00—10:00		9:00—10:00	工作1
工作2	10:00—10:30		10:00—11:00	工作2
……	……		……	……
工作N	22:30—23:00		19:00—20:00	工作N

图5-8 两种时间管理理念

也许你已经看到它们之间的差异。因为事情是做不完的，如果我们按照"工作优先"的理念去安排时间，那么你的时间永远不够用，哪怕是"996"都没有用。因为事情是无限的，而时间是有限的，两者的矛盾不可调和。

因此，我们在时间管理上必须树立"时间优先"的理念，把每天可用的时间预留出来，然后再按照事情的重要程度去匹配相应的工作。

在时间管理的理念对了之后，第二，就是如何为工作的重要性和紧急性排序。四象限我们都懂，但是就是分不清哪些是重要的，哪些是紧急的，因此想按照四象限分布也就无从谈起。

重要性排序其实与价值观相关，就是你觉得哪些事情重要，是我们内心价值观的一种投射。比如客户、领导、家庭同时需要占用时间的时候，你的选择取决于你认为谁更重要。

因此，事情的重要性没有绝对的对错标准，但是我们可以遵循一定的原则。一般来说符合以下特征的事情是重要的：

▸ 高价值。这件事情做了能给你带来比较高的价值，这种价值可能是有形的，比如客户的订单成交；也有可能是无形的，比如领导认可、团队士气等。

▸ 高杠杆。这件事情小投入（小决策）能带来大的回报，比如员工培训等。

▸ 机会成本。可能这次不做下次就没机会做了。

如果符合这些特征的重要的事情还是很多，你需要把这些事情再分类：A 类，重要并且需要你亲自做，比如员工辅导、与领导沟通、会见重要客户等；B 类，重要但是可以压缩或者推迟做，比如有一些会议，会见供应商等；C 类，重要但是可以授权做，比如明天有个供应商初步来洽谈合作意向，你就可以让部门的同事去接待，然后再将情况汇报给你。

把事情按照 ABC 分类之后，你再优先为 A 类事情安排起止时间，用大块的时间、你状态最好的时间保证 A 类事情的完成；如果还有时间，那么再安排 B 类、C 类事情；如果时间表已经排满，那么 C 类的事情授权出去，B 类的事情暂时延后。同时，请记住不重要的事情可以先不做。

时间管理的另一个重要法则是控制好时间，严格按照计划的起止时间做事，该结束的时候结束。因为时间是计划好的，如果一项计划拖延了时间，那么会导致整个计划出现问题，所以必须在计划的时间内完成任务。哪怕没有完成，也必须马上停止，以免影响后续的安排。

5.8 持续提升阶段的任务清单和产出

你在持续提升阶段需要完成的主要任务及产出见表 5-3。

表 5-3　持续提升阶段需要完成的主要任务及产出表

序号	主要任务	产出	参考
1	学习风格测评	学习风格类型	图 5-6
2	制订个人发展计划	IDP	表 5-2
3	自我觉察	ORID 工具表	表 2-3

过
去

现
在

总结

　　在新任经理的前100天转型中，PPPL四个阶段（图1）是相辅相成的。自我认知是转身的基础，你必须先从意识上转变，知道你现在的角色跟之前有什么不同，怎样才是一个好的经理，你准备如何为之努力。规划速赢和人际影响是核心，规划速赢是成事，人际影响是育人，这是经理角色的核心工作。同时，规划速赢与人际影响密不可分，在规划速赢中你要借人成事，在人际影响中你要借事修人，成事和育人不是孤立的存在。持续提升是自我修炼，为更好地发挥领导力进行的自我修炼，帮助在经理的岗位上能持续发展，为晋升到高级经理、总监、BU总经理、总经理等岗位奠定基础。

　　在整个PPPL学习的过程中，提到了很多的理论和工具，本书限于篇幅，没办法介绍得特别详细，而是根据新任经理的特点，做了适当的简化，强调实用。如果你的时间允许，对此又有兴趣，可以按图索骥查阅文中提到的管理学家的原著，系统地学习和提升。

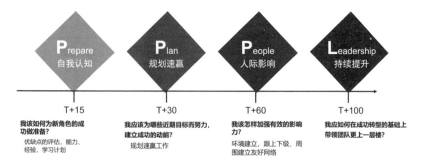

图 1 PPL 四个阶段

同时，本书只是选取了新任经理上任 100 天这个特殊的时间段里最重要的工作来学习相关的工具和方法，因此还有一些理论、工具并没有介绍，比如必要的财务知识、项目管理知识、情绪和压力管理等，并不是这些不重要，而是要结合自己的工作需要进一步学习。

另外，在 PPPL 规划的时间仅供参考，可以根据自己的实际情况适当调整进度，但是整体时间控制在 100 天左右。同时，文中的工具、方法和活动可以与你企业内部的要求相结合。比如绩效管理工具，你的企业可能是 OKR，但是要知道他们背后的逻辑和原理是相通的，灵活使用即可。

后记

　　一年前我开始构思写这本书，陆陆续续写了一年多的时间。在写这本书的时候，我脑海中经常浮现出二十多年前的自己。

　　那时候，我刚从西北工业大学毕业，我本科的专业是高分子材料。我踌躇满志地奔向广东去 TCL 工作，命运的齿轮在那一刻开始转动。去了之后，也许因为我是公司少有的大学生的缘故，一天也没干过高分子材料专业的工作，就开始当主管搞管理。可能是我天资愚笨，实在不知道主管怎么当，既不知道该怎么管人也不知道该怎么理事。那几年都是在懵懂、忙乱中度过的，自然也没什么成就可言。后来，在广州遇到一位同班同学，他花巨资（当时约半个月的工资）买了一套 MBA 的书籍送给我，从此帮我打开了一扇崭新的大门……我也下定决心从头开始学习管理，去读 MBA 接受正规的训练，去做管理咨询以及企业实践管理。

　　然而，在过往的工作中，我发现我当初的懵懂、忙乱与无助并不是孤立的现象，相当多的企业和经理都会遇到类似的问题：如何从一个专业工作者向管理者甚至领导者转身？如果企业内部没有成熟的新任经理培训体系，靠新任经理自己摸索，转型的时间会很长，成功的概率也不高。新任经理如果像我当初一样，停下来专门学习管理知识，企业未必等得起，相应的时间成本也高。

怎么样才能帮到这些企业和经理，是我过去在一年多的时间里一直思考的问题。所以我做了一些调研、归纳和整理的工作。经验表明，给新任经理的转型时间只有短短的 100 天，在这 100 天里根本没法系统地学习管理知识和工具。业务工作千头万绪，哪些是必须尽快完成的"必赢之仗"？如何凝聚团队施加影响？哪些是这 100 天必须尽快补的知识和理论课？

于是，我试图回答这些问题，先将一些必备的知识讲清楚，帮助新任经理在理念上转变，然后再结合优秀企业的实践，将知识转变为可落地的工具，可以马上在工作中使用，并将这些知识和工具尽可能合理地分布在 PPPL 四个阶段，以训为战，训战结合，力图在最短的时间内，补齐管理上的短板，赢得信任。这样在新任经理 100 天站稳脚跟之后，他们有更多的时间从容不迫地、系统地学习管理知识。

转眼二十多年过去了，当初那个懵懂的少年变成了别人口中的"老师""专家""顾问"。"人之患在好为人师"，我对此一直诚惶诚恐，唯一能安慰自己的是我的初心是好的，我愿意帮助年轻的经理成长，帮助他们度过职业生涯的转型期。

过去的工作总是在忙忙碌碌中度过，一直没有时间停下来系统地思考和整理过。过去这一年多的时间，正好有点时间空出来写作和思考，对于未来有了"333规划"，我计划用1/3的时间专注帮助经理人成长，1/3的时间做咨询帮助企业发展，另外1/3的时间用来阅读、学习、思考和陪伴家人。

"发上等愿，结中等缘"，希望与广大读者就新任经理培养的问题进行深入沟通和交流，如有任何问题欢迎与我联系。

思悟随笔

图书在版编目（CIP）数据

新任经理100天实战指南 / 杨明广著 . — 上海：东
华大学出版社，2024.4

ISBN 978-7-5669-2338-7

Ⅰ . ①新…　Ⅱ . ①杨…　Ⅲ . ①企业管理—基本知识
Ⅳ . ① F270

中国国家版本馆 CIP 数据核字（2024）第 045598 号

新任经理 100 天实战指南

Xinren Jingli 100 Tian Shizhan Zhinan

杨明广　著

策　　　划　刘　宇　李　晔
责 任 编 辑　李　晔
封 面 设 计　TAK STUDIO

出 版 发 行　东华大学出版社（上海市延安西路 1882 号　邮政编码：200051）
联 系 电 话　021-62373924
营 销 中 心　021-62193056　62373056
出版社网址　http://dhupress.dhu.edu.cn/
天猫旗舰店　http://dhdx.tmall.com
印　　　刷　上海颛辉印刷厂有限公司
开　　　本　890mm×1240mm　1/32　　　印张　7.25　字数　254 千字
版　　　次　2024 年 4 月第 1 版　　　印次　2024 年 4 月第 1 次印刷
书　　　号　ISBN 978-7-5669-2338-7
定　　　价　78.00 元